永不放弃

马云商业智慧金句

李淑文 Suk Lee
宋波 Bob Song
编

江伯毅 译

中国人民大学出版社
· 北京 ·

永不放弃

马云商业智慧金句

NEVER GIVE UP

Jack Ma In His Own Words

| 作者序 |

中国需要更多的“马云”

在2014年10月的德国法兰克福书展上，我有幸与美国普尔修斯出版集团（Perseus Books Group）国际销售总监李淑文（Suk Lee）女士会晤。李淑文女士是美籍华裔，曾在哈珀柯林斯、西蒙舒斯特、学乐等多家美国大型出版发行集团担任高管，拥有20多年的国际出版行业经验。作为美国第六大出版集团全球销售业务的负责人，她最清楚什么书能在全球成为畅销书。

于是，我问了她一个问题：“Suk，到底什么样的与中国有关的书能在全球成为畅销书？”

“Jack Ma（马云），他的公司刚刚在纽约上市，我的老板看了他的演讲，觉得这个人很有趣，还问我能不能找到与他有关的英文书。”Suk推了推她的眼镜，眉飞色舞地说。

当时，在美国与马云有关的英文书只有两本。在美国亚马逊网站上，与马云有关的中文书倒是有几十本。而在中国，与马云有关的书差不多有六百多种。以至马云先生本人都说："每次去机场都很忐忑，因为时不时会冒出一本关于我的书。"

拥有如此良好的内容基础，我本以为写一本马云的英文书是一件很容易的事情，于是抱着"初生牛犊不怕虎"的精神，和李淑文女士一起来写这本书。从2014年10月15日至2016年7月12日，这本小小的*Never Give Up: Jack Ma In His Own Words*花了将近两年时间，这也是第一本在美国芝加哥出版的有关马云言论的英文书。如今回忆起来，如果不是马云先生"永不放弃"的精神支持着我们，我们是很难坚持下来的。

马云先生在电子商务领域取得的成功，使得他成为国际公认的企业家偶像。美国人一贯自认为"天下第一"，美国商人又"时间宝贵"，所以很难得会对一个中国商人的故事感兴趣。本书英文版的目标读者是全球中小企业主、公司管理人士、商学院学者、MBA、在校学生及对中国感兴趣的外国人。如何在最短的时间内跨越国界与文化障碍，让这些读者了解马云先生的管理智慧、创业历史及他的精彩世界，这对我和李淑文女士来说，都是一个巨大的挑战。所幸，我们互相尊重、友好沟通，终于促成了全球第一本用马云先生的话来全面体现马云先生卓越洞察力的英文图书。

在本书创作过程中，作为笔者，我深深体会到，即便我们是用英文来写作，美国人看马云与中国人看马云是截然不同的。为了全面了解马云先生的过去、现在与未来，我曾经在2015年9月1日访问杭州太极禅院，与马云先生的助理陈伟先生会晤。我和李淑文女士分别阅读了约600万字与马云先生有关的中英文资料、数百个小时的视频。从《书生马云》这部纪录片中，我们可以看到马云先生在20世纪90年代为了在中国推动互联网事业而做出的不懈努力，由此钦佩马云先生和他的小伙伴们那强大的心；从《扬子江中的大鳄》这部纪录片中，我们看到马云先生虽然当时面临着巨大的生存压力，却在湖畔花园里侃侃而谈，畅谈阿里的美好未来。在旧金山时，我还和曾经计划为马云拍一部电影的好莱坞华裔电影制品人杨燕子（Janet Yang）女士沟通，了解到很多不为人知的马云事迹。随着写作的深入，我和李淑文女士很快就成为了马云先生的粉丝，很多不同的观点渐趋一致。

1995年，马云先生访问西雅图，接触到了计算机与互联网，从搜索“中国啤酒”开始到成为中国电子商务巨头，这一步走了20年。不论是在美国还是中国，胸怀远大理想，不懈努力奋斗，为国家社会做出贡献的人，都是值得人们尊敬、学习的榜样。马云先生及阿里团队这20年的奋斗，为中国的电子商务发展，乃至全球电子商务的融合都做出了巨大的贡献，这是马云先生及阿里巴巴能够赢得国际尊崇与认同的重要基础。由此，本书系统整理了马云先生在这20年里的商业实践，既有他在中国的讲话，也有他在美国的英文发言，这是本书最与众不同的地方。

作者序

在全球化时代的大背景下，中国需要大踏步地走向世界，所以中国需要更多的“马云”。2014年9月19日，阿里在纽约证券交易所（以下简称“纽交所”）成功上市，并创下史上最大IPO的纪录。在接受美国全国广播公司财经频道（CNBC）的采访时，马云先生说：“如果马云能够成功，80%的人也会成功。”马云先生成功的秘诀之一，在于他是国内最早具有全球视野的企业家之一，他坚强正直，善于学习与创新，并能整合国际国内资源。他英语教师的背景或许对他最早具有国际视野大有帮助。但是，他“永不放弃”的精神，是更值得我们学习的。

感谢中国人民大学出版社高晓斐老师慧眼识珠，引进本书到中国大陆市场出版，并遵高老师所嘱，作此中文序言。与本书英文版不同的是，本书中文简体版就是为了中国除马云以外的80%的能够取得成功的中国人准备的。设想成千上万的中国人一起行动起来，共同秉承马云先生“永不放弃”的精神，为实践中国梦而奋斗，那么中国一定会无比强大。马云先生希望阿里能够走过102年，阿里未来的85年，也是中国实现中华民族伟大复兴的重要时期，我们希望中国能够出现更多的“马云”。唯其如此，中华民族的伟大复兴才会枝繁叶茂，大树苍天。因此，*Never Give Up: Jack Ma In His Own Words*只是一个开始，我们会把马云先生的更多实践以及更多优秀人物“永不放弃”的案例收入书中，以实现文以载道。

本书除英文版与中文简体版外，中文繁体版、印度文版、阿拉伯文版、葡萄牙语版、日文版、有声读物版都将陆续推出。在短短时间内就有这么多国家与地区的读者通过我们的书了解马云先生，这是我和李淑文女士最骄傲的地方。

最后，感谢您抽出宝贵时间阅读了以上文字，并期望您能够继续关注马云先生，关注我们。

宋波

2016年6月30日于北京

永不放弃的马云

马云出生于1964年9月10日，是中国的企业家和慈善家。他是全球最成功的互联网公司之一阿里巴巴集团的创始人与董事会主席。据估计，马云拥有218亿美元的净资产，是世界上最富有的人之一。

他的登顶之旅可谓是一个真正意义上白手起家的故事。在创建阿里巴巴之前，马云只是杭州师范学院的一名普通的英语老师。

1995年，在前往华盛顿州西雅图市的旅途中，一个朋友介绍马云接触了互联网。他尝试着在网上搜索单词“中国啤酒”，但没有找到任何检索信息，这件事让他决定回国创办一家互联网公司，并把万维网的概念引入中国。然而马云对“编程”或“计算机”一无所知，当时的中国也没有几个人知道互联网，更不用谈其市场潜力了，后来马云戏称当时的情况为“盲人骑瞎虎”。尽管存在这些障碍，马云仍然下定决心开始创业并从亲戚那里借了钱，与其他17个合伙人一起，在杭州一间小小的公寓内开始了他的事业。起初，公司没有赚钱。它通过免费服务的方式快速扩张，公司几乎破产。在经历了许多错误的探索后，阿里巴巴终于成功地为中国中小企业和国际买家搭建了一个平台。在公司成立的第三年终于盈利。马云以其独到睿智的眼光、积极进取的精神、刚毅果断的性格，使得阿里巴巴成为中国目前最有影响力的电子商务企业。

“永不放弃”是马云最有名的座右铭，也是他面对不断被拒绝的人生的真实写照。

历经两次高考失利的马云最终被那所他认为“我的城市里最糟糕的大学”录取。后来，哈佛大学的研究生院拒绝了他的申请10次之多。当肯德基进驻中国时，24个人应聘，23个人成功，他是唯一一个被拒绝的求职者。

2015年，《福布斯》杂志提名马云为全球22名最具影响力人物之一。确切地说，自2014年9月19日阿里巴巴在纽交所上市并创下250亿美元的IPO（首次公开募股）最高美股融资记录后，马云和他的公司已经成为全世界媒体聚焦的热门话题。他是首位登上《福布斯》杂志封面的中国大陆企业家，并且曾经与查理·罗斯等知名媒体记者、贝拉克·奥巴马总统等领导人多次对话。

马云以其谦逊、坦诚、精力充沛的形象被大众所熟知，他是中国备受尊崇的商业偶像，其实这也不奇怪，阿里巴巴一直在不断革新中国的商业和企业家精神。它不仅建立了一个一流的国内和国际贸易业务的线上交易平台，还创立了一种前所未有的在线支付方式(支付宝)。在阿里巴巴成立之前，中国有数以百万计的中小企业，然而它们却没有一个与客户进行沟通和收款的便捷方式。近20年来，马云和他的团队一直致力于为中小企业提供一个积极的、盈利空间广阔的经营环境。他始终坚持阿里巴巴的客户和员工优先于股东的原则，因为阿里巴巴聚焦于赋予上百万的中小企业主体面谋生、支撑家庭的能力。马云从来没有看轻自己肩负的责任，因为展望未来，阿里巴巴的目标是"帮助全世界20亿客户在线购物"。马云并不是一个典型的董事会主席，他曾以出钱为员工举办超高规格的结婚仪式而闻名，也曾在阿里巴巴10周年庆典上以盛装独唱《今夜你能感受到爱吗》(*Can You Feel the Love Tonight*) 而惊艳亮相。

本书旨在使全球读者通过马云自己的话语来更好地理解马云，这些言论来自新闻文章、公共声明、电视采访以及相关渠道。尽管他说着流利的英语，活跃在美国媒体的镁光灯下，但我们仍花费了很长时间来挖掘和收集那些来自中国媒体的内容，其中不仅包括中国知名的报纸和电视节目，也包括他在阿里巴巴常规网商论坛上发表的演讲，马云和他的团队通过网商论坛这种跨城市的路演，为当地的阿里巴巴客户传授最好的服务和商业实践。这些原始的中文资料已被翻译成英文，以方便英语读者，使他们第一次能够透彻理解马云宝贵的见解，比如关于创业、商业价值、电子商务、慈善、竞争以及更多。

行文至此，一个人的肖像浮现而出，在不到一代人的时间内，他最大限度地变革了中国市场和世界的电子商务，且过去绝对没有在商业、技术，或者坦率地说，成功方面可以借鉴的经验。本书为任何具有梦想与抱负的人士，或者为任何需要一点小提醒的人士所著，要“永不放弃”！

——李淑文　宋波

目　录

CONTENTS

目录

第 1 篇

马云这个人

技术才能

我不擅长技术。我受的教育是成为一名高中老师。这很有意思，我现在掌管着中国也可能是世界上最大的电子商务公司之一，但我根本不懂电脑。我对电脑所有的了解就是收发邮件和浏览网页。

——亚洲“创变者奖”颁奖典礼，2014年

保持平衡

我热爱太极。太极是一门哲学，讲究的是阴阳，教你如何保持平衡……我把太极哲学运用到商业中：冷静，一定有出路，保持平衡。竞争是有趣的，商场不是你死我活的战场，在商战中，即使你死，我也不一定赢。

——对话查理·罗斯（Charlie Rose），

世界经济论坛，2015年1月23日

自学英语

在12岁时候，我开始自学英语，具体是为了什么我也不知道——我只是觉得爱上了这门语言。每天早晨5点我会骑车40分钟，到杭州大酒店找外国游客，他们教我英语，作为交换，我带他们游览城市。

——亚洲“创变者奖”颁奖典礼，2014年

绝不愚蠢

我疯狂，但绝不愚蠢。

——《中国商界》，2008年

盲人骑瞎虎

在过去的15年中，我常常说自己是“盲人骑瞎虎”。那些骑在马上的专家都摔下马了，我们却活了下来。因为我们担心未来，我们相信未来，我们改变自己。

——亚洲“创变者奖”颁奖典礼，2014年

第 2 篇

商业原则

共同价值观

共同的使命、价值观、目标是任何一个企业、任何一个组织都必须具备的东西。如果没有这三样东西，你走不长，走不远，长不大。

——阿里巴巴网商论坛·宁波站，2002年6月11日

平时我们在用人上，“精英”不是首选，我们选的是对公司的价值观有认同感的人。我觉得人才进入我们这个公司以后，必须要认同我们的文化，认同我们的理想。进入我们公司有专门的培训，从培训第一天起，我们说的就是共同的价值观、团队精神。我们要告诉刚来的员工，所有的人都是平凡的人，平凡的人在一起，做一件不平凡的事。

——《马云的管理学》，2004年2月25日

公司层级

我们始终坚持客户第一、员工第二、股东第三。

——阿里巴巴集团10周年庆典，2009年9月10日

强化制度

我们的制度并不依赖一个或两个人。如果我的离开会导致公司崩溃，那说明制度构建不完善。

——第五届中国网商大会，2008年8月2日

售假指控

古驰或任何其他品牌的手袋怎么能卖到这么贵？这很荒谬。我知道品牌公司不高兴，但我也说这是你的商务模式，你也必须反思你自己的商务模式。

——《福布斯》，2015年11月4日

销售动机

作为一名合格的销售员，脑子里面想的不应该只是钱，而是考虑自己的产品是为了帮助客户成功，这个产品对别人有用，这样做也有助于增强自信心和提高销售能力。

——阿里巴巴网商论坛·青岛站，2005年7月22日

经济复苏

两天前，我和我的新加坡朋友一起吃晚餐时，他们说："我们的政府正鼓励我们生更多的孩子，因为人口老龄化严重而新生儿不足。"每个国家、每个民族都需要一揽子刺激政策来鼓励更多的中小企业产生更多的希望。大公司都是从小生意发展而来的。如果没有这样的希望，没有这样的鼓励政策来"生更多的孩子"，我们将会灭亡。为什么我总是能感到兴奋并充满激情？因为我有八个"孩子"。在过去的15年里，我创建了8家公司，其中7家健康地发展壮大起来，另外1家被我卖掉了。当我看着这些孩子，包括阿里巴巴、淘宝网、支付宝以及两个月前刚成立的1家新公司——阿里云，就感到非常兴奋，因为我看到了希望，你知道，"这个孩子将会改变我，这个孩子将会改变世界"。

——亚太经济合作组织中小企业峰会，2009年

关键绩效指标

和大家一样，我讨厌KPI（key performance indicator，关键绩效指标）！它让我们失去了理想，失去了目标，让我们用各种不该用的方法疲于奔命！它也让我们失去了工作的乐趣，失去了创新和激情！我们讨厌它，但不能没有它！理性思考后，我觉得不是KPI有问题，而是我们设计、执行的人有问题。

什么是KPI？我认为KPI是一些工作目标实现的衡量指标。如果没有KPI，我们就没有考核工作成绩的具体指标。但只有KPI，绝不意味着我们工作完成得很好！我觉得KPI就是人去医院看病，医生给你测体温、量血压和化验血指标，只能证明你基本没有病，但绝对无法证明你是健康的！

——阿里巴巴员工内部邮件，2010年

欺诈行为

无论是做生意还是在生活中，永远不要去欺骗别人。1995年，我被4家公司欺骗，今天我回过头来看，欺骗我的4家公司全关门了。我想告诉大家的是，企业靠欺骗走不远。

——阿里巴巴网商论坛·上海站，2005年7月

接班人计划

这么多年以来，我们几个副总裁一直在为公司辛勤工作。然而你会发现，十分有必要储备好接班人来顶替你。公司不能被员工绑架，员工也不能被公司绑架，我感觉自己前几年就被阿里巴巴绑架了。我让4个阿里巴巴重要干部都去休假、留学两三年——这意味着我哪里都不能去。

有人说马云在“杯酒释兵权”。但其实这就是为干了十几年太疲惫、除了公司的人以外没有朋友的人准备的接班人计划。尽管看起来他们永远没有适当的时机离开，但他们必须离开。他们一离开，年轻人就会有机会，我们要有这样的心胸。

——阿里巴巴网商论坛·北京站，2008年3月17日

批 评

我们不关心媒体怎么批评我们，不关心互联网评论家怎么批评我们，也不关心投资者怎么批评我们，我们只关心我们的用户、商人怎么评价我们。如果他们说不好，我们将会被商业淘汰。

——第四届中国北京高新技术产业国际周“数字化中国”论坛，2001年5月11日

21世纪的企业责任

我认为这世界在呼唤一个新的商业文明，旧的商业文明的时代就是企业以自己为中心，以利润为中心，以自己而不是以社会为中心。在21世纪，企业需要重新考虑它们与社会、环境、人文、客户的关系。今天任何一家企业假如想在21世纪生存得很好，必须学会开放、分享、责任和全球化。

——阿里巴巴集团10周年庆典，2009年9月10日

耐　心

一般来说，当你盖房子的时候，打地基花的时间要占盖房时间的30%。我从来没见过也不相信一个有着稳定的、成规模的收入来源的好企业是在5年内成功的……阿里巴巴还没有完成打地基工作。我们做企业不是因为别人也在做，不是因为别人希望我们做，我们做是因为我们相信我们能做到，知道我们什么时候以及怎样才能做到。

——比特网（ChinaByte.com），2001年7月

完美主义

在我第一次来日本之前，我对日本公司和商人的总体印象还不错，觉得他们既重视规矩和礼仪，又做事勤奋，并注重完美。

但是事实上，等我真的来到日本的时候，我非常吃惊！日本的大企业常常由于拘泥于一些鸡毛蒜皮的小事情而延误了决策的时间，丧失了机会。我尊重做事完美的人，但是在这个速度决定一切的时代氛围当中，迟迟不做出决策则是企业的致命伤。

——《日本经济新闻》(*Nikkei Business*)，2002年5月

“野狗”和“小白兔”

我们考核员工有两个标准：一个是业绩；一个是团队精神……如果一个人业绩很好，但没有团队精神，我们管他叫“野狗”；还有一种人，业绩虽然不好，但他的团队精神非常好，我们管他叫“小白兔”。请不要把“野狗”和“小白兔”当作员工，他们都要被“杀掉”。

——阿里巴巴网商论坛·厦门站，2001年9月

招聘用人

请人不要请最好的人，要请最合适的人。这是很痛苦的教训，就好像你为一台拖拉机装了一个波音的引擎。

——阿里巴巴网商论坛·东莞站，2005年3月

投资员工

比起市场推广，通过培训和组织来培养人才更值得公司去投资。员工需要了解公司、了解客户、了解竞争对手，用中国俗话来说就是“知己知彼”。

——《日本经济新闻》，2002年5月

第3篇

阿里巴巴和其他企业

创业早期

在第一周，我们有7个员工。我们自己去买，自己去卖。到了第二周，有人开始在我们的网站上卖东西，我们买光了他出售的所有商品。我们有两个房间，堆满了我们那两个星期买来的东西，而且是没有什么用的东西。这两周的“折腾”只是为了告诉大家网购是行得通的。

——纽约经济俱乐部，2015年6月9日

保持微笑

阿里巴巴很重要的一个文化是微笑。我们的Logo是什么？是微笑。设计的时候我就说过，我们的员工、客户在回家的时候，我希望他们是微笑的。每一位进我办公室的人，我可能不记得他们的脸，但我一下子就能判断他是不是阿里巴巴的员工，靠什么？靠微笑。

——阿里巴巴管理干部交流会，2006年6月16日

商业模式

我们不是一个电子商务公司，虽然我们拥有世界上最大的电商生意。我们不是ebay（易趣网）。我们不买和卖。我们帮助人们成立一个电子商务公司。我们为其他公司电子商务提供条件。这是我们和亚马逊的不同之处。我们相信每个公司都应该成为亚马逊。亚马逊是传统商业，只是碰巧有一个网站。

——对话杨致远，斯坦福大学商学院，2015年9月24日

不只做中国企业

我们的梦想是创办全世界最好的公司。虽然阿里巴巴是中国人创办的，但是我们希望它成为一个国际化的公司，投资者、员工、客户将都是全球化的，而不仅是一个中国人的公司。我们在做出任何决定前都会问自己，能不能把我们阿里巴巴变得更好，而不是考虑我们股份的价值。马云希望证明互联网公司是用智慧、决策、勇气、团队领导出来的，而不是用资本。

——《财富人生》节目，2003年3月29日

与众不同的思想

我们的员工必须要训练出阿里巴巴式思维模式。无论他们在全世界的任何地方，都必须回杭州进行为期一个月的全面学习，学习我们的使命感、价值观和企业文化。如果他不去，他就不能成为我们的员工。在学习的过程中，我们会花两个小时告诉他们，他们的行动体现了他们的思想。销售人员绝大部分想到的是，你口袋里有5块钱，我要想办法把它弄到我的口袋里面来。阿里巴巴的员工要想的是，他的口袋里有5块钱，能不能把它变成50块钱。如果你能这样思考，你就是与众不同的。

——阿里巴巴网商论坛·东莞站，2005年3月

专　注

我们坚持专注电子商务。10年前我们专注电子商务，现在我们仍将专注电子商务；10年前我们专注中小企业，现在我们仍将专注中小企业。因为只有专注电子商务和中小企业，我们才能长久。

——阿里巴巴集团10周年庆典，2009年9月10日

商业女性

女性首席执行官、女性首席财务官、女性首席流程官等等。如果你想赢在21世纪，你必须确信你可以让别人更强大。授权他人。保证别人比你好，你才能成功。我发现女性考虑别人超过考虑她们自己。

——对话查理·罗斯，世界经济论坛，

2015年1月23日

与政府的关系

当被询问有关政府干预的问题时，我回应：我没有从政府拿过一分钱，没有从中国的银行拿过一分钱。所以我非常独立。我和我的团队有一次非常严肃的谈话：永远别和政府做生意。爱它们，但不要和它们结婚。所以，我们从来不为政府做项目。如果它们来找我们说："马云，你能帮我们做这个吗？"（我会回答说）好的——我介绍对这个项目感兴趣的朋友来做。如果你一定要我做，我会免费为你做，但记住只此一次，下不为例。正因为这样，我们和政府维持着愉快的"恋爱关系"。

——《60分钟》，2014年9月28日

用户体验

对于电脑和互联网，到现在为止，我只会做两件事：收发电子邮件和浏览网页，其他的我都不会，我甚至不会在网上看电影。我要求我们的工程师提供为人们需求服务的技术。再好的技术如果人不会用，瞎掰！为什么我们的网站那么受普通企业家的欢迎？就是因为我是品质管制员——工程师们写的任何程序我一定要试试看。如果我不会用，赶紧扔了，因为这意味着80%的人跟我一样简单，也将不会用。我的目标是能不看说明书，上手就会用它。

——《财富人生》节目，2003年3月29日

变　化

最近我们人员调动比较频繁。让我特别感动的是，无论怎么变化，都没有人有怨言。我们现在处在变化的时代、变化的资讯文化里，阿里巴巴人必须迎接变化、拥抱变化、挑战变化！

——阿里巴巴集团5周年庆典，2004年9月10日

企业文化

阿里巴巴之所以能脱颖而出，不是因为我们的利润比别人高，或者说我们的员工比别人聪明，是因为我们是一开始就注重远见、战略、制度建设、团队人才培养和文化建设的企业。

——阿里巴巴网商论坛·青岛站，2005年7月22日

未来愿景

我希望我们公司可以活102年。人们会好奇地问为什么是102年？因为阿里巴巴诞生于1999年，上个世纪我们经历了1年，这个世纪将是完整的100年，下个世纪再经历1年，这样维持102年的话，我们就横跨了3个世纪。

——纽约经济俱乐部，2015年6月9日

收购中国雅虎

他（杨致远）要我给他打一个电话，在电话那头，他说："马云你能过来吗？我们今晚去喝一杯，做最后的一搏吧。"我说："好的。"他带我去一家日本小餐馆，给我点了一大杯清酒。我们干杯，他一直试图说服我雅虎很棒。那天喝完酒，我们说："来吧，让我们继续谈判。"这是我这辈子喝过的最贵的清酒，直到现在我都很小心清酒。

——对话杨致远，斯坦福大学商学院，2015年9月24日

光棍节（双11）

这不单纯是一个线上促销日，它更是一个制造商、销售商和消费者的交流日。对于消费者来说，这是了解每年的新创意、新产品、新趋势的一个渠道。如果美国人知道这里不仅有中国产品，还有来自菲律宾、肯尼亚、阿根廷、非洲以及其他所有国家的产品，这将是无与伦比的。

——《华尔街直播室》，

2014年11月11日

这是一个特殊的节日。我们想要所有的制造商和店家感恩我们的消费者，我们想让消费者们拥有美好的一天。这是一个特殊的节日，大多数睿智的人可能认为这在销售上并没有什么不同。但是对于这件事本身，它的真正意义在于这种模式在中国的成功振奋了人心。

——《彭博市场》，2015年11月11日

阿里学院

成为阿里巴巴的客户后，必须接受培训。明年一季度我们将成立阿里学院，培训公司干部和客户，我们希望客户和阿里巴巴一起成长。客户可以每个月到我们公司来接受培训，或者我们到各个城市把客户集中起来进行培训。培训内容不仅是对阿里巴巴各种产品的使用，还有管理艺术、中小企业的成长等。在这些课程上，我们已经具备开办阿里学院的条件。

——哈佛—清华高层经理研修讲座，

2003年12月

淘宝网

对于美国媒体来讲，淘宝网的迅速发展绝对是一个意外。他们认为eBay战无不胜，甚至不愿意相信，在中国有一个纯粹的中国网站能够跟eBay、雅虎等一流网站抗衡。但是淘宝网的资料让美国的分析师刮目相看，他们认为，C2C在中国领域的竞争远远要比他们想象的激烈得多。

——路透社，2004年9月27日

支付宝

支付宝现在看来是一个很成功的创新，但在我这里是被“逼”出来的。当年淘宝的交易很困难，因为我们没有解决安全支付的问题。大的国有银行不愿意涉足这个领域，但是它们不做，花旗银行、汇丰银行这些外资银行可以做。

那年我参加会议的时候，听一位领导人讲：“什么让你创新和做出对未来的决定？那是使命。”所以我们做出了支付宝。我们会每个季度向央行等有关部门报告我们到底是怎么做的，要做得干净、做得透明。

——浙商在线，2011年3月30日

投资健康

在中国，由于空气、食物以及水等的污染，如今我们存在很多健康问题。我们可以利用自己的技术、专有的技术来解决这个问题。这就是为什么我们今天必须要投资，从现在中国已经出现问题开始，我们要为未来的10年做准备。

——《彭博市场》，2015年11月11日

投资幸福

看看今天的世界，尤其是中国。富人不幸福，穷人不幸福，政府官员也不幸福……我想让中国人享受数字产品——电影、剧院、电视节目——带来的乐趣，这些都是可以让年轻人享受生活的数字内容，使他们对未来持乐观态度。

——《彭博市场》，2015年11月11日

第4篇

领导力

组建管理团队

一个CEO绝对不能用自己的股份来控制这家企业，而应该用智慧、胸怀、眼光来管理、领导这家企业。不让任何一个投资者、任何一个人来完全掌控，而是采取科学合理的管理团队。

——《财富人生》节目，2003年3月29日

笑傲江湖

当你经商时，你也需要能够笑。有眼光、有胸怀的人才能笑得爽朗、透彻。你想傲，你一定要有实力。所以要想笑傲江湖，就要做到眼光犀利、胸怀开阔。

——阿里巴巴网商论坛·宁波站，2002年6月11日

善用人才

在我办公室的墙上挂着一幅武侠小说家金庸大侠的题字："善用人才为大领袖要旨"，天天看到这个，也是对自己的一种提醒。

——《解放日报》，2008年9月4日

组织结构

在我们公司里面，组织结构是倒过来的。最上面是客户，下一排是员工，再是经理，再是副总裁，最下面才是我，CEO。我的老板是我下面的几个副总裁，副总裁的老板就是前面的总监，总监的老板就是员工，员工的老板就是客户。这个“足球队”的“守门员”就是我这个CEO，如果你们发现一个球队的守门员是最忙的，那麻烦就大了，他技术再好也不行。

——阿里巴巴网商论坛·深圳站，2008年3月5日

团队精神

中国企业要讲究团队精神，合作都是团队做出来的。如果你自己把自己当作高于其他每个人的英雄，必然要走下坡路。

——阿里巴巴网商论坛·宁波站，2002年6月11日

做领导者

做一个领导者要有远见、胸怀和实力，然后加上一个团队的价值，这个就是我理解的领导力。

——湖畔学院，2008年3月28日

NBA队员

只有下属中有人能超越自己，这样的领导才是好领导。这样可以让他们一直处于压力之下。如果你6个月找不到替代的人，说明你招人有问题，说明你不会用人。

领导是把人身上最好的东西发掘出来。你要找这个人的优点，找到的优点或许这个人自己都不知道，这才是你的厉害之处。每个人都有潜力，关键是领导要找出这个潜力。我是怎么想到这一招的？我看NBA打篮球。

篮球运动员为什么越打越好，是因为板凳上坐了12个人，下面的人很想上去，都认为自己打得也不差，场上的人压力很大。如果在公司你有这样一套制度，不要保证他们做什么，而是通过他们的表现去判断，这样就会组建一个很好的团队。

——阿里巴巴网商论坛·宁波站，2002年6月11日

眼光、胸怀和实力

领导者的艺术无非这三样：眼光、胸怀和实力。眼光就是读万卷书不如行万里路。你经常跑、经常看以后，就会比人家看得远。在乡镇企业里面，你们镇上你是最厉害的；你跑到上海看，厉害的人更多；到了纽约、东京，厉害的人数不胜数。所以你眼光比别人远大，别人就会钦佩你。做领导者一定要有胸怀，10个有才华的人9个很古怪，他们都有各种古怪的脾气，总认为自己是最好的。请包容他们。如果你每天都这样自律，你将会扩展你的胸怀。我发现有些人特别逗，为了一点点小事，坐在那里生闷气，没胸怀就会变得十分悲惨。

——《财富人生》节目，2003年3月29日

直面危机

阿里巴巴当然面临着自己的危机！要不然我怎么可能这5年来没有长1斤肉，仍然这么瘦。我以前也在想公司大一点后老板可能就轻松了，然而我比从前更累了！企业家时常在想危机在哪里，这是一件好事。有时候公司内部有问题是一个好现象，有些东西也许今天没事，但是今后可能成为“癌症”。

——第四届中国网商大会，2007年9月15日

不要给士兵望远镜

在行军打仗中，士兵不应该带上望远镜。要不然，班长下令进攻，士兵一看，心想："糟糕，他们有三挺机枪啊，我还是撤吧！"

——《马云创业语录》，2008年

孤 独

如果有一天你当上了领导，你将会很孤独。甚至二把手和三把手都很难完全理解你。

当船长开船的时候，他有时候会爬到杆上看风向。比方说我，要考虑的就是一年以后的事情，我必须提前考虑制度和人事。成功可能是下一年的事，在这之前那些决策可能不会很明确。除非我将承担失败的责任，否则我不能分享成功。

——阿里巴巴网商论坛·深圳站，2008年3月5日

决策和犯错

平时你不是CEO，只有两种情况下你才是：第一，你做决定的时候；第二，你犯错误的时候。总是承认自己的错误，决不能说失败是由于员工执行不力或下属团队做得不好，而成功的时候就是CEO一个人的功劳。

——阿里巴巴网商论坛·深圳站，2008年3月5日

CEO的历练

作为一个领导、一个CEO的历练必须包括走出去，多看看这个世界，同时多思考自己所看到的……这样才能把机会和财富带给客户。

——第四届中国网商大会，2007年9月15日

培养员工

领导的另外一个职能，就是发现团队每一位成员的独特技能。这个世界没有坏的员工，只有坏的领导和坏的体系。认真培养每位员工的潜力，而不是用竭它……在领导的眼中雇员都是好的，在职业经理人的眼中雇员都是坏的。领导者的能力在于发现你的潜力并且充分调动起来。

——阿里巴巴网商论坛·上海站，2005年7月

MBA们

我去年把4个同事送去读MBA，1个去了哈佛，3个去了沃顿商学院。我告诉他们："当你回来时如果忘了MBA教的一切，那么你毕业了；如果还是记得那些条条框框，那么你没有毕业，继续回去学。MBA学了两年以后，起码还要花半年时间忘掉MBA学习的东西，那才真正成功了。"

——世界经济论坛中国企业高峰会，

2002年4月19日

第 5 篇

成功与失败

黑暗日子里的重要一课

我在阿里巴巴那些黑暗日子里学到的一课就是，你必须保持团队的价值、创新和视野。只要你不放弃，就仍然有机会。当你的力量还很渺小的时候，你必须非常专注，靠你的大脑生存，而不是你的力气。

——《公司》(*Inc.*)，2008年1月1日

没有不犯错误的CEO

世界上没有不犯错误的CEO，任何一个成功者都面临过挫折和失误。

——阿里巴巴网商论坛·青岛站，2005年7月22日

从经验中学习

其实，创业很简单。就像在黑暗中走路，顺着亮光总能走出来。直到10年以后的今天，我才认为我适合去讲战略战术。我不喜欢看成功经验，而喜欢看失败经验。许多人说，马云的领导使阿里巴巴活下来了，这是不对的。我没有那么聪明，但是我善于总结经验。

——阿里巴巴网商论坛·广州站，2005年3月21日

四项素质

我们需要的人才：一要讲诚信，二要有团队精神，三要有适应变化的能力，四要乐观上进。

——《第一财经日报》，2005年11月24日

设置实际的目标

中国顶尖企业与国外企业竞争还有很大的距离。欧洲文化本身是诞生大企业的，但是在这里，我们有来自中小企业的13亿“蚂蚁雄兵”。我认为将来的希望在于由中小企业组成的网商大军，而不是那些中国大企业。最重要的是认真设置一个实际可行的目标，如果我今天告诉你明天的销售额要达到10亿元，你就会陷入一种失败的氛围中不能自拔。但是如果我们的目标是让我们的企业成为一个一流的企业，而不是限制在不切实际的数字上，我们就有了一支具有13亿“蚂蚁雄兵”的军队，他们有着清楚的导向并且已经准备好能够战胜大象了。

——第一届中国网商大会，2004年6月13日

员工满意度

21世纪对于企业的可持续发展来说什么最重要？我觉得是人。你对广大员工增加一些尊重，那么士气就会大增。要让自己的员工得到满足，你的企业就有希望了。

——阿里巴巴网商论坛·广州站，2005年3月21日

保持危机感

我认为未来电子商务会对人类做出巨大贡献，但我也时时抱着危机感。今天很痛苦，明天更痛苦，后天很美好。坚持撑下去，为明天可能会有更倒霉的事发生而随时做好准备，那便可能看到后天的太阳了。

——阿里巴巴香港联交所上市新闻发布会，

2007年11月6日

积极向上

我不像是一个最有才华的人，无论长相、能力、教育都不见得是这个社会上最好的。但是我能看懂人性。你必须控制自己不好的一面，放大美好的一面，否则你不会成功。我通过价值观、使命感，放大了公司的年轻人的美好的一面。

——对话稻盛和夫，

2008年10月28日

努力工作

我对电脑一窍不通，所以我经常对年轻人讲："如果马云能成功，80%的年轻人都能靠努力工作而成功。"

——《财富人生》节目，2003年3月29日

学习失败

只为失败的结果而遗憾，不为失败的原因而遗憾，那将是遗憾中的遗憾。

——《赢在中国》，2007年

不畏惧犯错

互联网企业在快速发展之路上所遭遇的失败，无论是脑子发热，还是脑子不热、太冷了，都是源于害怕犯错误。今天所犯的错误是为了明天跑得更好，错误还得犯，但不要犯同样的错误。

——阿里巴巴集团2周年庆典，2001年9月10日

失败乃成功之母

实力是靠失败一点一点堆积起来的。我想：如果我年纪大了，我跟孙子吹牛说你爷爷做成多么大的事情。孙子会说："这一点也不牛，不过刚好是互联网大潮来了有人给你投资。"当我讲当年有哪些失败的事情、犯了哪些很严重的错误，他可能会很崇拜地看着我。一个人最后的成功包含了太多惨痛的经历。

——阿里巴巴网商论坛·宁波站，2002年6月11日

寻找捷径

阿里巴巴从1999年开始走的战略就是避开国内电子商务市场迅速进入国际市场，我们当时用的一句话叫作“避开甲A联赛直接进入世界杯”。从1999年到2001年大家很少在中国市场听到阿里巴巴的名字，我们的基本活动是在欧洲和美国，我在那些地方做了很多演讲，记得最惨的一次是2000年我们在德国组织的那次演讲，1 500个座位结果只来了3个人，我也觉得很丢脸，但是我没有办法，即使只有一个人也要跟他讲。

——阿里巴巴网商论坛·青岛站，2005年7月22日

危机中考虑客户

今后任何公司碰到灾难时第一个想到的应该是你的客户，第二个想到的是你的员工，其次才想到对手。其实这时候最好不要想对手，因为这个时候你已经不具备攻击力了，你自己的麻烦事还处理不过来。在处理危机时，首先考虑会给客户带来的影响，其次是你的员工。这时候如果你的员工清楚什么是对的，怎么做是对的，你会走得更长久。

——《赢在中国》节目点评，2007年8月

第6篇

竞　争

包容竞争

企业必须要有竞争。促进企业发展、成长是一个痛苦的过程。选择优秀的竞争对手，面对它们时永远不能有个人情绪主义。不能和你的对手打起来，而是以敞开的胸怀、眼光分析它们的核心竞争力。天下没有对手能够杀得了你，只有你自己杀自己。

——阿里巴巴网商论坛·上海站，2005年7月

享受竞争

你问我喜不喜欢竞争？我喜欢竞争。竞争使你完善自己，变得更好，这会让对手越来越生气。会战者不会怒。

——阿里巴巴网商论坛·北京站，2008年3月17日

钱的魔力

如果靠钱能够赢，每个银行都会成为最大的企业之一。企业要想对抗强有力的竞争者，必须提供一个让你的员工、股东、合作伙伴、客户能睡得着的满意度，我相信你的企业会越办越好。

——阿里巴巴网商论坛·北京站，2008年3月17日

只做长江里的鳄鱼

阿里巴巴是长江里的鳄鱼，我们和海里的鲨鱼打架，进了大海我们一定会死，但是在长江里打我们一定不会输。eBay要进军中国，现在的战场在中国，我们在本土战场上作战有优势。就像我们吃3元一碗的面就可以了，而你非要吃300元的就是你傻。eBay投了700亿元在中国市场，我有1亿元有什么办不到？

——美国全国广播公司财经频道（CNBC）专访，2004年10月23日

禁锢思想

经常有人说某公司又要挑战淘宝网了，某公司打败了阿里巴巴。这很好，但能打败我们的，不是它们，而是我们自己禁锢的思想。

——第八届中国网商大会，2011年9月10日

谁也不是赢家

我自己觉得商场不是打败了对手你就赢的，因为打败了一个对手还有另外一个，对手太多了。它更像是一个有土地、水以及生物多样性的生态系统，充满着竞争乐趣。竞争让你完善，让你成长……商场犹如一个生态系统，狮子去吃羊绝对不是因为恨羊，而是不得不吃。打败对手，绝不是你多么强大，而是对手故步自封，不愿意完善自己，从而使自己失去了未来。如果你们技术不如人，那就必须完善技术；人员素质不如人，那就必须提升员工素质。要有生态思想，跟对手共赢，大家一起玩。没有狮子，羚羊们也活不久。

——第八届中国网商大会，2011年9月10日

eBay

阿里巴巴没对手是很痛苦的，于是到处找，弄得自己很累。但是淘宝网是幸运的，它拥有自己的对手——eBay，一个伟大的对手。就像你打拳碰到迈克·泰森，可能会认为很倒霉。其实，你能够找到世界一流的对手，我认为是一件很好的事；如果你打球碰到乔丹，那是一辈子的幸运。所以我觉得淘宝网能够向eBay这样的对手学习，那是福气。

——《北京晨报》，2004年10月21日

面对竞争者

遇到竞争者，一般有四个问题：第一，你看不见；第二，你看不起；第三，你看不懂；第四，你就是跟不上，你什么方法都用过了，最后还是不行。

——阿里巴巴网商论坛·青岛站，2005年7月22日

价格战

必须问这个问题:“假如我们不是用投资者出的钱，而是用自己的积蓄打价格战，您还会打吗？”大多数企业缺的不是资金，不是技术，而是思想！所以打架之前，问明白自己为谁而战、为什么战、如何战，然后做好接受最坏结果的准备。我们必须在捍卫消费者权益的情况下，最大限度地保护生产厂家的利益。这个度的把握是平台成功的关键和原则。如果一场价格战是绑架了厂家，“诈”了消费者，用投资者的钱打自己认为值得的“名誉战”，这代价实在太大了。

——阿里巴巴内部点评，2012年8月27日

识别竞争者

如果你只是一个中小型网站，千万不要跟网易、新浪、搜狐、阿里巴巴拼规模，千万不要跟它们拼大，而是跟它们拼专业市场，拼它们做不了的市场，这是核心问题。

——网易（NetEase.com），2004年2月17日

要么第一，要么第二

我们有些产业做到了第一，其他一些产业做到了第二，当然也有一些产业不赚钱没有活下来。做到第二的产业钱花得不多，但赚得很多，而且影响了很多人。实际上，我们有些产业定位第二，但没有一样是定位第三的。要么第一，要么第二，没有第三，所有第三经过一两年努力还没有办法进入第二，我们就关闭。

——阿里巴巴员工大会，

2005年9月23日

竞争策略

当我们的对手口袋里装满子弹的时候，我们应该让他的子弹往墙上打。当策略正确时，竞争将是一种乐趣，如果你发现竞争是一种痛苦，你的策略一定错了。做企业是一种游戏，这个游戏是你跟公司的员工团结在一起想的策略。竞争场上谁先恼羞成怒谁就输掉了。

——阿里巴巴网商论坛·上海站，2005年7月

亚马逊

我们目前并没有和亚马逊竞争，我们有着完全不同的模式。亚马逊同时进行买卖，而我们是一个平台……我们相信每个公司都能够成为亚马逊。如果亚马逊是一个好吃的大苹果，阿里巴巴就是一棵苹果树。我们希望每一个企业都能够成为一个电子商务企业，也希望更多的人能和亚马逊一样成功。

——《彭博市场》，2015年11月11日

大 象

大象要踩死蚂蚁也很难，因为蚂蚁不会那么轻易让它踩到。蚂蚁跑来跑去，大象没准踩不死蚂蚁，却把自己的腿给弄折了。

——《北京晨报》，2004年10月21日

盲目模仿者

阿里巴巴能被复制吗？我们的模式可以被复制，但你拷贝不了阿里巴巴的团队和它犯过的错误，你也拷贝不了我的东想西想、客户的信任和机遇。这不等于说没有公司能超过阿里巴巴。将来可能有100、200、1 000个电子商务网站诞生。在中国电子商务市场上，我希望有更多的网站去创新、去开拓。如果阿里巴巴仍是一个工地，那么大家要复制这个工地至少需要5年的时间。

——阿里巴巴网商论坛·深圳站，2008年3月5日

你们公司的核心竞争力就是你和你的团队。别人可以拷贝你的模式，但不能拷贝你的苦难，不能拷贝你不断往前的激情，这个东西一定要记住，这是你的核心竞争力。当然再好的创意背后必须要有制度、人才、执行力去支撑，没有制度、人才、执行力支撑的创意就只能是一个故事，没有价值。

——《赢在中国》节目点评，2007年8月

第 7 篇

资金、投资和价值

董事会

阿里巴巴原来只有一个董事会来回复所有的投资者。如今我们分成了5家公司，每家都成立独立的董事会，基本上摆脱了某一天被某一投资方控制的风险。对股东，我尊重他们，我倾听他们，但我会按照我自己的想法去做；对员工，我倾听，但我会按照我认为对的去做；对客户，大部分时候我是跟着客户走的。客户第一，员工第二，股东第三，上市后我还是如此，不会因为股市改变方向。

——《财经》杂志，2007年8月1日

投资者

人人爱我，人人恨我，但我爱人人。

——《彭博市场》，2015年11月11日

财政责任

对于成功的商业领袖，如果他们的目标是要富有，那他们可以变得非常富有。但是，拥有金钱的意义是什么？当你拥有1亿美元时，我想这对于你和你的孩子们都已经足够了。

一旦你的净资产超过了某一临界点，那就已经不再是你的钱了。那就是社会的钱了。是社会给了你金钱，你有责任以一种好的方式来分配这些金钱。我从两三年前就开始思考这个问题了。有一天，我突然醒来，想知道“下一步是什么”。

——大自然保护协会官网，2009年12月

资金储备

也许，你们美国人喜欢花明天的钱和他人的钱。而我们中国人却喜欢存钱。我们可能是世界上最大的储蓄国。因为我们已经贫穷落后了这么多年。当我们赚到钱的时候，我们会把钱放在银行里，因为我们知道一旦灾难降临，我们存的钱就有了用武之地。所以当经济不景气的时候，我们仍然有钱消费，你们可能就没有。

——2015年克林顿全球倡议大会，

2015年9月29日

淘汰投机者

1999年，很多互联网公司上市8个月就跑掉了，我们在公司提出要做80年的企业。这个80年的目标是让那些只为上市、追求上市的投资者离开。

——阿里巴巴网商论坛·东莞站，2005年3月

股东、投资者和客户

当1999年融资的时候，第一天我就跟股东讲，我们的投资者是阿里巴巴的舅舅，客户才是阿里巴巴的父母。我跟“舅舅”的关系处理得很好，股东大会是越开越短，并且也很开心。

——中国计算机大会，2010年10月12日

创造价值

如果前1万个客户是你CEO自己做，前10万个客户是你的团队做，前100万个客户是前10万个客户去做，能够形成客户帮客户，你就创造了价值。

——第四届中国网商大会，2007年9月15日

软银集团

我见过聪明的人物有很多，孙正义（软银集团的CEO）却是其中最特别的。他神色木讷，说很古怪的英语，但是几乎没有一句多余的话，有点大智若愚。后来我才知道，软银每年接受700家公司的投资申请，只对其中70家公司投资，而孙正义只与其中一家亲自谈判，只对我在这么短的时间内做出了投资决定。他对我说："保持你独特的领导气质，这是我为你投资的最重要的原因。"

——为孙正义的传记《飞得更高》所写的序言

找投资就像结婚

找投资就像结婚一样，我们双方最重要的是能在艰难的时候手拉着手。今天大家都很好，但当明天倒霉的时候，你必须在后边支撑我。

——阿里巴巴网商论坛·厦门站，2001年9月

香港IPO上市

在2月的员工大会上我说过："冬天要来了，我们要准备过冬！"当时很多人不以为然。其实我们的股票在上市后被炒到发行价近3倍的时候，在一片喝彩的掌声中，背后的乌云和雷声已越来越近。因为任何来势迅猛的激情和狂热，退下去的速度也会同样惊人！我不希望看到大家对股价有缺乏理性的思考。

在上市的仪式上我就说过我们将会一如既往，不会因为上市而改变自己的使命感。面对今后的股市，我希望大家忘掉股价的波动，记住客户第一。记住我们对客户、对社会、对同事、对股东和家人的长期承诺。当这些承诺都兑现时，股票自然会体现你对公司创造的价值。

——阿里巴巴员工内部邮件，2008年7月23日对阿里巴巴集团来讲，今天我们在香港的上市只是一个开始。我们要走的路还很远、很长。上市就像加油站，目的是为了让我们加了油走得更远。

——阿里巴巴香港联交所上市新闻发布会，
2007年11月6日

持股比例

股权应分散。智慧不是融资，而是应该能够影响公司管理和员工团队合作。我们超过1 000名的员工是我们最大的股东，接下来的是软银的孙正义。随着市场价值的增长，这种管理模式和员工持股比例也在不断调整。

——网易，2004年2月17日

纽约证券交易所的IPO

当你有10亿美元时，记住：那不是你的钱，那是人们对你的期望。人们把希望寄托于你，因为他们相信你比别人可以更好地管理这笔钱以及资源。如果你认为这是你的钱，你会有麻烦的。

——对话杨致远，斯坦福大学商学院，2015年9月24日

为顾客创造利润

我们为什么要创造阿里巴巴？我们不是要自己成为百万富翁，而是要让我们的客户成为百万富翁。我们坚持客户第一，只有让客户成功，阿里巴巴才会成功。只有让客户成为百万富翁、千万富翁后，我们自己才会有利润。

——阿里巴巴集团5周年庆典，2004年9月10日

很多员工会有疑问，为什么我们公司讲“以人为本”，却不是以员工为第一？我们不想太虚伪，因为我们这么多人在一起，就是为解决会员的问题。如果“员工第一”，很有可能发生大波动，如果“股东第一”，可能会忽视解决网站上的问题。我每次见客户的时候，都想听一听这一年内大家在阿里巴巴有没有取得好的成绩。我最害怕的就是大家说没有赚到钱。所以我见股东的时候，就可以特别理直气壮地说，即使你觉得不好，但我还是以客户优先。

——阿里巴巴网商论坛·深圳站，2005年11月

融　资

创办一个企业时千万不要想到融资，这样你永远办不好一个公司。任何一个投资者发现你追着他的时候他都会逃得比你快。中小企业可以先做好自己的业务，让投资者找上门来。钱只不过是一个惊喜。

——网易，2004年2月17日

免费服务

我在两年前推广淘宝的时候采用免费方式，其实阿里巴巴也是先免费三年，我们几乎所有推出的服务都是先免费一两年。（这样做的）主要原因是可以通过免费的方式来了解客户的需求，免费的过程也是跟客户的磨合过程，你会发现如果在免费了以后人家仍不来，那就没戏了，你的价值可能也不存在了。我们就是边走边体验，我们在免费的过程当中一直在体验，我觉得今天挺好，有了10亿美元就更可以免费了。

——《财富人生》节目，2003年3月

阿里巴巴的股票价格

我很谦虚，因为很多年前人们都说："好吧，阿里巴巴是一个可怕的公司"，但是我知道我们并没有那么可怕。我们很好。我们比大家认为的要好。但是，如今，当人们对我们有很高的期望时，我又开始担心，并且变得紧张，因为我们还没有那么好。我们只是一家刚成立了15年的公司。我们在中国经营互联网业务。中国互联网公司的年轻员工平均年龄只有28岁。所以，我们还是一个年轻的公司，是一个年轻的行业，这是不容易的。当人们对我们抱有很高期望时，我告诉自己和我们的团队，"做我们自己，做我们认为是正确的事。"我不敢看股票价格……当人们认为你是好的，你必须确保你真的那么好。当人们认为你不好时，你必须清楚你是否真的就是那么不好。

——《华尔街直播室》，2014年11月11日

第 8 篇

创业与创新

内部邮件

作为阿里巴巴的员工，我们永远不会承诺你升官、发财，但是我们承诺你一定会很艰辛、很郁闷、很痛苦。

刚来公司不到一年的人，千万别给我写阿里巴巴战略报告，千万别瞎提阿里巴巴发展大计。谁提，谁离开！但你成了三年阿里人后，你讲的话我一定洗耳恭听。我们喜欢小建议，我们感恩你的每一个小小的完善行动。

记住，阿里巴巴不是请你们来发展自己的，公司花钱请你们来是发展客户、帮助他们成长的。我们是通过发展客户来发展自己的。

——阿里巴巴员工内部邮件，2011年8月27日

我们的战略是什么？

用一个词解释就是：活着。中小企业活下来一定要有独到的方式，机会一定在危机之中。每次巨大危机来临的时候，倒霉的都是大企业，而使中小企业大量涌现出来。我建议大家想清楚三个问题：第一，你想干什么？第二，你该干什么？第三，你要干多久？

想干什么是第一要素，每个人都要有一个理想和梦想，你要能很强烈地说，我愿意把房子卖掉也要干这件事情，这是最重要的；第二个问题就是该干什么，这是最关键的，很多人创业的时候都在想这个问题，说起来容易，做起来最难；第三是要干多久，不管你做什么行业，在5年以内一定会有30次很好的机会摆在你面前，要看看自己在诱惑和压力面前敢不敢坚持这个原则。

——阿里巴巴网商论坛·北京站，2008年3月17日

怀抱梦想

请大家记住，不管你做什么，第一，一定要有梦想，因为一个人最富有的时候就是你拥有梦想的时候。第二，一定要坚持。我相信很多人比我们聪明，很多人比我们努力，为什么我们成功了，我们拥有了财富，而别人没有？一个重要的原因是我们坚持下来了。别人都不看好互联网，或者认为搜寻引擎、电子商务、B2B没有价值。当那么多公司都倒闭了的时候，我们坚持了下来……我们招来的人不知道去哪儿就业，也没有地方去，就一直待在公司里，结果稀里糊涂地发现我们怎么变得这么好了。

——第四届中国网商大会，2007年9月15日

内　需

我外婆的衣柜里只有1件衣服，我妈妈有3件，我女儿这一代有50多件，其中48%都没穿过，这叫内需。我们已经培养了人们的消费习惯，鼓励他们花钱，这不是政府擅长的，但我们（企业家）知道该怎么做。

——对话杨致远，斯坦福大学商学院，

2015年9月24日

金钱与梦想

这不是关于钱，而是关乎梦想。

这不仅是关于将要改变世界的技术。

这是关乎你相信你能改变世界的梦想。

——纽约经济俱乐部，2015年6月9日

感 恩

知道你是谁是你成功的原因。就目前情况而言，我们首先要感谢的是互联网的出现。没有互联网，我们就不可能有这么多革命性的商业理念。其次，我们要感谢中国经济的高速发展。为此，我要感谢我的团队。他们忍受了我五年，并且仍然相信并跟随我。但这不是马云的聪明才干——这是我的员工们的。

——阿里巴巴网商论坛·深圳站，2008年3月5日

1 001个错误

我称阿里巴巴曾犯过“1 001个错误”。我们扩张得太快，在互联网泡沫破裂后，我们不得不裁员。到2002年，我们拥有的现金只够维持18个月。阿里巴巴网站的许多使用者都在免费使用服务，我们不知道如何获利。于是我们开发了一款产品，为中国的出口商和美国的买家牵线，这个业务模式拯救了我们。到2002年年底，我们实现了1美元的净利润，终于跨过了盈亏平衡点。自那以后，公司的经营业绩每年都在提高，现在阿里巴巴的盈利能力已经相当强了。

——《公司》，2008年1月1日

创业资金

1995年我白手起家，靠的是坚强的意志力，靠的是团队。很多创业者说我没有钱，有钱就能够干这个，这不对。企业家不能被钱引着走，企业家是被责任、团队带着走的。真正的创业者在创业之前，首先想到的是我为这个梦想简直要疯狂，不会想到钱，钱是所有因素具备以后的最后因素。

——第五届中国网商大会，2008年8月2日

公司规模和定位

一般来说，小企业靠经营，中企业靠管理，大企业靠团队。团队有三点非常关键：眼光、胸怀、实力。眼光有多远，胸怀有多大，你就能做多大的事。胡雪岩讲过："生意越来越难做，越难做越是有机会，关键是眼光有多远。"

——阿里巴巴网商论坛·温州站，2001年11月19日

多元化和创新

一个公司的魅力类似于动物园，一个动物园的魅力在于各种各样的动物。所以我们公司只有拥有各种各样优秀的人才以及各行各业、各种性格的人，这个公司才会五彩斑斓，才能有创新。

——阿里巴巴集团“湖畔论道”，2008年3月28日

迎接挑战

我从来不敢说自己是一个成功者。如果一定要说成功，应该说我成功地克服了许多困难。每天面对挑战、克服困难变成了自己最大的成就感。所有创业者都要告诉自己一句话：从创业的第一天起，你每天要面对的是困难和失败，而不是成功。

我最困难的时候还没有到，但有一天一定会到。困难不是不能躲避，而是不能让别人替你去扛。近十年的创业经验告诉我，任何困难都必须由你自己去面对。创业者就是要敢于面对失败，永不放弃！

——中央电视台网站访谈，2004年

馊主意

我们不怕馊主意，就怕没主意。永远不要害怕行动，要去解决现在的以及未来的问题。我们看自己的网站，也看其他商业模式的网站，甚至是我们竞争对手的网站。在其中寻找到好的东西后马上学以致用。

——阿里巴巴国际技术部（ICBU）动员会，

2007年6月13日

给网商的忠告

你要为困难和每一天的痛苦做好准备，没有谁一开始就会成功。这么多年来，我犯过无数错误，也收获了很多经验，这是一个创业者最大的财富。不要总想我能赚多少钱，如果这样想一定很痛苦，尤其是在网上创业的。今天这里有很多成功的网商，但是它们前三年根本没有赚到钱。

——第一届中国网商大会，2004年6月13日

疯狂的创新者

要创新必须要扛得住压力、抵得住诱惑、挡得住寂寞。我们从最早被人说是骗子，到后来被说成疯子，到今天被称为狂人。不管别人怎么说，我们相信我们公司和我自己，不会在乎别人怎么看待我们，但我们在乎自己怎么看待这个世界。如何按照我们的既定梦想一步一步往前走，这是做企业或者做任何事一定要走的路。

——中央电视台创新论坛，北京大学，

2005年12月8日

解决方案

我以前有过这样的极端例子，在公司讨论会议上如果90%的人都同意的事情一般我会把它否定，因为我相信任何事情只有一半反对、一半同意，大家争论不休的时候往往最好，因为你的竞争者也在讨论，看你敢不敢走自己的路。

——阿里巴巴网商论坛·青岛站，2005年7月22日

中小企业

在任何一个国家，中小企业都还是国家创新的源泉之一。

一旦企业大了以后，就会更多关注经营规模方面的创新。基于这一点，我认为企业总应该在自己公司之外寻找更多的创新。

——博鳌亚洲论坛，2008年4月14日

年轻人

好吧，相信年轻人，相信这一代人的创新。他们每天制作设计、改变创新。消费者都是一样的，他们想要新的东西，想要便宜的东西，想要好的东西，也想要独特的东西。如果我们能为消费者创造出这些东西，他们就会来。

——《华尔街直播室》，2014年11月11日

第9篇

媒体与市场推广

给公司起名字

世界上几乎所有语言对“Alibaba”的发音都很容易，也就是说，全世界的商人都可以没有困难地接受我们网站的名字。

——对话查理·罗斯，世界经济论坛，

2015年1月23日

广告营销

广告砸出来的只是知名度，品牌是口碑相传的，这种文化内涵绝不是广告砸出来的。广告只会把你的成本越砸越高，高到客户买不起。如果没有一个可持续的高质量团队和企业文化，广告只会给你增加成本，而不是效益。

——阿里巴巴博客，2012年3月19日

“招财进宝”

再完美的计划也会存在沟通问题。特别是在5月份我们举办的一项重大的启动活动“招财进宝”中。当时所有人都以为我们的活动是免费的，结果是要收进场费的。虽然我们的竞争对手一般对类似的活动也收费，但我们却因收费而受到了指责。当然我们不能怪别人，要怪我们自己在公关方面本来可以做得更好。今后推出新产品，在座所有的干部都要记住：晓之以理；动之以情；诱之以利；绳之以法。这四步都不能少。

——阿里巴巴管理干部交流会，2006年6月16日

借比尔·盖茨之名

1995年，虽然我不断地跟人家解释真的有互联网存在，但是不太有人相信互联网，也没人觉得这么个互联网能对人类有多么大的贡献。

我觉得互联网将改变人类生活的方方面面，但那时如果是马云说这些，没有人相信。所以我就开始说，比尔·盖茨说互联网将改变人类的生活方式，结果很多媒体就把这个事刊登了出来，但是这句话是我说的，1995年比尔·盖茨还反对互联网。我后来见到盖茨为此还道了很多次歉。

——青年创业大讲堂，2008年10月25日

成为马云

6年前，公司市场部负责公关的人跟我说，要我接受媒体采访，那时候我特别抗拒，我不想见媒体。我知道自己长得丑，别人一看都记得住，街上一走人家都认识，我不想这样。但是他后来跟我争论了3天，最后讲了一句话，他说："马云，你以为'马云'这两个字是你的吗？它是属于阿里巴巴的。"之后我就开始接受记者采访了，到现在为止我越来越觉得媒体把阿里巴巴的功劳和马云挂在了一起。大家不要过多相信媒体，媒体可以把人捧得很好也可以说得很坏，其实世界上任何人都是普通的，因为你普通才有魅力。

——阿里巴巴网商论坛·青岛站，2005年7月22日

讲真话

阿里巴巴有一个很好的公关队伍，他们非常能干。我们唯一的秘诀是：永远讲真话，不管在什么地方、什么时候，永远说我们心里想的。我们不会为了迎合媒体讲它们爱听的话或者欺骗它们。如果你现在撒一个谎，你可能将来会忘了，等人家问你的时候，你不得不圆谎，这会让你很痛苦。所有人都喜欢诚实的人，但不是所有的人在任何时候都说真话。如果你这么做了，你就显得与众不同。

——比特网，2001年7月

树立品牌和博得信任

从去年开始，我们的市场推广费用是“0”，我们的品牌越做越大。我们品牌知名度的增长“奇迹”甚至吸引了哈佛商学院的关注。其实我们不是奇迹，从1995年到1999年我们经过了5年的痛苦积累。我相信明年阿里巴巴会更好。对于那些失败的教训，不仅是我们犯的错误，中国所有互联网企业的错误我们也都会保存起来。

——阿里巴巴“诚信通”新闻发布会，

2002年3月10日

第一次西方媒体采访经历

我们第一次见媒体是1999年8月份，美国《商业周刊》杂志找到了阿里巴巴。他们要来采访，我们拒绝接受采访。后来他们通过外交部，再通过浙江省外办，一定要让我们接受采访。我们当时没有电话也没有传真，只有一个美国的E-mail（电子邮件）地址，我们不想告诉别人我们是中国公司，那样在全球化拓展过程中，大家会认定你是一个三流企业。采访时，我们把他们带到居民区，他们很怀疑。门一打开，二三十个人在四居室的房间里面，干什么的都有。他们感觉阿里巴巴这时候有两万名会员了，名气很大，应该是一个很大的公司。最后那篇文章并没有被发表。

——阿里巴巴网商论坛·宁波站，2002年6月11日

打造信誉度

当年杭州有一份报纸说，某家做互联网的公司是一家民营企业，根本没有任何信誉度，含沙射影。为了证明我们已经做到了，我们用美国快递来的英文公关资料介绍公司，并把已经在美国做好的网页彩色打印下来，以此证明自己的国际互联网公司的形象。阿里巴巴开始确实很艰难，我们后来坚信一点：一个新的东西出来要“兔子先吃窝边草”，从朋友做起。

这一切都归功于信用。我最大的财富是即使我离开这个公司，跨出这个门，一个电话马上就可以换来3 000万元的融资，这是我的信用。我有大批的企业家学生，他们对我的信任就是我的信用。如果你有了信用，你就可以运用。当然人家给了你信用，你必须要用好，也必须要做到。我们当时就是依靠这个信条一路走下来的。

——中央电视台创新论坛，北京大学，

2005年12月8日

互联网

对我们来说，互联网就是一种工具。为什么它那么厉害？我挺喜欢看武侠小说的，我在想，一个人刀耍得再厉害，但另一个人身上有一把枪还是能打死他，因为枪是更厉害的武器。比起你亲戚、朋友的关系，比起杂志、报纸、媒体的力量，互联网要强大得多。如果你不把握这个机会就会倒霉。所以我说千万不能小看互联网这个新兴工具。这个工具用得好会使你的企业好起来，如果用不好也会让你的企业很倒霉。

——阿里巴巴网商论坛·温州站，2001年11月19日

第 10 篇

互联网、电子商务和国际贸易

互联网引入中国

在1996年下半年的一天，中国正式接入了互联网……我邀请了10位媒体朋友到我家里来，想告诉他们："我没有撒谎，确实存在互联网这个东西。"为了下载一张照片，我们当时花了三个半小时。大家说："那东西真的能行得通吗?"我说："是的，行得通的，不是现在，是在未来十年之内。"不管怎样，这至少证明了我没有撒谎。

——纽约经济俱乐部，2015年6月9日

中美比较

电子商务在美国如同餐后甜点，它是对主流商业的补充。但是在中国，电子商务已经成为主菜。

——纽约经济俱乐部，2015年6月9日

给中国的建议

在美国人眼中，亚马逊可能是唯一的电子商务模式，但是我们不一样……我对eBay和亚马逊抱有敬仰之心，但我认为这是一个机会，也是我们的下一步战略，那就是帮助美国的小企业走进中国，帮助它们将产品卖到中国……在过去的20年，中国一直致力于出口，而我认为在接下来的10~20年，中国应该把注意力集中在进口方面。中国要学着去买，学会如何花钱，去做全球买手。同时，我认为美国的小企业、美国的品牌产品，也应该利用互联网进入中国市场。

——纽约经济俱乐部，2015年6月9日

对美国企业的建议

第一，当美国企业和跨国公司走进中国，最大的问题在于花很多力气和中国各种部门搞好关系。但是，最重要的是为中国市场创造有用的价值，而不是专攻“关系”。在美国成功的公司，并不一定在中国有市场，其关键是要有中国特色。

第二，领导者的角色非常重要。在中国，跨国公司的领导者一定是开拓者，要做开创性的努力，而不是简单地维护美国和欧洲品牌的职业经理人。

第三，中国的经济就是创业经济。一切都充满生机，在此什么都有可能发生。这就像20世纪90年代末的硅谷，创业的激情和繁荣无处不在。

——福布斯全球行政总裁会议，2004年9月21日

盈 利

一个好的盈利模式要有三个“s”：strong，scalable, sustainable。这三点，我认为现有的互联网商业模式还不能做到。在互联网形势这么复杂、竞争这么激烈的情况下，把一个好的模式过早地告诉别人，只有很蠢的商人才会这么做。

——第89届广州交易会，2001年4月13—26日

反馈考核

年轻的公司在创业的过程中历经各种错误是很正常的，最重要的评价来自客户——如果使用者发现你的服务是有用的，那它就是。如果他们认为是没有用的，不管你说什么，它都没有价值。电子商务，电子是手段，商务才是目的。即使投资者把你捧到天上，你的客户不认可你，明天你还是要掉下来。我对我的员工说："不要告诉我怎么赚钱，你告诉我如何为客户提供价值，如何能对客户有用。"

——阿里巴巴网商论坛·厦门站，2001年9月

贸　易

贸易是一种自由，贸易是一种人权，贸易不应该被作为对抗其他国家的工具。

——对话美国总统奥巴马，亚太经济合作组织工商领导人峰会，2015年11月

新型中间商

有管理大师说中间商没有出路。所以有人问我说是继续扩大销售率还是转为生产类企业。电话刚出来的时候，有人说邮政一定会死掉。但邮政现在活得很好。任何一个行业要取代另一个行业都很难。电子商务不是要取代中间商，而是要发展一种新型中间商。天下没有不好的产业，只有不好的企业。这种新型中间商将越来越依赖于高科技，它们也会越来越懂得所需要的变化。因此，它们在未来注定会被需要，甚至在未来的一百年内。

——《第一财经日报》，2006年1月26日

中小企业的角色

电子商务是现在的热点。许多公司都想加入这个互联网市场，但还没有一个成功的例子。如果没办法证明能够帮助它们盈利，它们是不愿意继续的。所以，当被要求给它们展示一个成功的项目时，我举出了阿里巴巴的例子。通过收集大量的“虾”，即小到中型企业，我们可以依靠吸引鲸鱼来养活它们。中小企业成了成功电子商务的解决方案。

——阿里巴巴“诚信通”新闻发布会，

2002年3月10日

伪造者

它不是非对即错。如果你只是说“让它们下架”，这对于卖家是不公平的。我们也要保护这些卖家，不仅是品牌企业。你要关心所有的人以及他们的权益。

——《福布斯》，2015年11月4日

中国式B2B

亚洲企业有一个特点，就是“宁为鸡头，不为凤尾”，大家都要自己做老板，并且互联网使得个性化进一步加剧。互联网使用者是以个人为中心的，这就像长城的每一块砖上都写着“××到此一游”。互联网时代不是信息太少，而是信息太多。所以我的目标只有一个：提供一个“信息精”，让所有的亚洲中小企业可以随时使用。美国的模式是以大企业为主，它们可以花费100万美元购买一套软件，然而中国没有多少企业买得起100万美元一套的软件，即使买得起，也不一定用得好。中国特色的B2B就是商人之间的面对面交流。

——第89届广州交易会，2001年4月13—26日

小即是美丽

在未来的十年中，互联网将实现人们期待已久的转变——从一种营销渠道过渡为虚拟基础设施，这将允许作为创新主要引擎的小型企业得以同大型企业展开有力竞争。

在世界各地识别或创造新的商机的能力将无可限量。比如说，一家在中国或印度起步的公司将能够与远在美国印第安纳州的企业遥相竞争。更重要的是，如果这家位于印第安纳州的企业拥有正确的经营理念和放眼全球的发展思路，那么它不仅可以与印度和中国的企业竞争，更能够同美国及欧洲的大型企业一较高下。

——《纽约时报》文章《小即是美丽》，2009年10月26日

信 誉

我们经过大量的调查发现，做电子商务第一个需要的就是信誉，商人最关心的就是信誉。去年有些国内外的媒体说："阿里巴巴的访问量很大，但是我们网上用户的信誉都不是很高。因为我们是来自中国的网站，使用者是中国商人用户。"它们作了一个比喻，说欧洲的网站虽然不大，但它们是一个网上的展览厅；我们虽然很大，却好像是一个网上的集市。之后，我们找到了一种方式建立信用体系，并打算以此发展壮大。

——阿里巴巴"诚信通"新闻发布会，2002年3月10日

中小企业峰会

当走进中小企业峰会会场时，我就感到非常兴奋。每次参加中小企业的会议，我总能从大家的眼神中看到梦想、激情和希望；相对地，当我参加《财富》500强会议的时候，我看到了数据，看到了收入，看到了绩效考核，还看到了残酷的竞争。

——亚太经济合作组织中小企业峰会，2009年

第 11 篇

环保主义与慈善事业

中国的责任

中国人着实应该关注国内的环境保护，这将是其对世界最大的贡献。于我而言，也很乐意考虑如何尽可能多地为非洲做些事情。但能有多少人如同马云一样？多少中国人能有资源、有机会来发展出更广阔的世界观，并乐于去看中国以外的世界？有世界责任是一件好事，但是我认为中国人也许会说他们的责任在于采取更多行动保护自己的环境。如果你不去或不能照顾到自己，我不认为你可以照顾到其他人。

——大自然保护协会官网，2009年12月

捐　款

淘宝的大公益不是捐钱，而是为社会创造1 000万个就业机会。人只要有了工作就会稳定下来，人稳定下来社会就能进步发展。

——《马云慈善语录》，2007年

捐款是慈善的一种很重要的手段，但并不等于慈善。把自己最缺的东西捐出去，是更大的慈善。

——《马云慈善语录》，2007年

慈善事业

花钱比赚钱更难。尤其是慈善事业。当你有一颗好心，你也应该具有丰富的知识和较强的能力去花钱，否则你就只是拥有一颗好心，但却以一种糟糕的方式在做好的事情。

——对话杨致远，斯坦福大学商学院，

2015年9月24日

慈　善

慈善不应该被放在闪光灯下，而应该是默默无闻地去做。

——《马云慈善语录》，2007年

环保主义

我们想建立的是人们的觉悟和意识。我们想让人们严肃地对待这些问题，这样他们会觉得污染就像犯了谋杀罪一样恶劣。因为，最终它就是。生意很重要，但是它正像对这些环境问题采取行动一样重要。

我不是一个极端分子。我们只是站在一个立场，就是我们相信这对我们自己和子孙后代是好的。并且我不想人们仅仅只是因为被告知这是一个责任而去做这件事。我讨厌“责任”这个词。我采取行动，因为这是我相信的事。这是一个思考的方式，并且是我的哲学里的一部分。

——大自然保护协会官网，2009年12月

气候变化

现在抱怨已经太晚了。这是谁的错？不管是你的错还是我的错，让我们一起解决这个问题。

——对话美国总统奥巴马，亚太经济合作组织工商领导人峰会，2015年11月18日

第 12 篇

生活课堂

三个原则

脑子中要时刻铭记这三个原则：想干什么，该干什么以及能干多久。

——阿里巴巴网商论坛·北京站，2008年3月17日

第三次世界大战

“第三次世界大战”即将打响，但这不是一场国与国之间的战争，这是一场我们携手对抗疾病、贫穷和气候变化的战争，我认为这是我们人类的未来。所有的人类、所有的国家都应该联合起来。

——纽约经济俱乐部，2015年6月9日

个人发展

你们都应该注重个人发展，不断学习。不要将你的地位（低下）怪罪于老天或者其他人，要怪就只能怪自己。

——阿里巴巴网商论坛·上海站，2005年7月

中国经济增速放缓

如果中国经济的高速增长（9%）一直持续，那一定存在问题。那样永远看不到蓝天，看不到质量，中国应该注重经济增长的质量……我认为这就好比一个人的发育。你身体不可能一直成长，发育到某个阶段后，身体发育的速度就会减慢。（反而）这时候应该培育内在思想、文化、价值观和智慧。我相信中国正在往这个路上走。

——对话查理·罗斯，世界经济论坛，

2015年1月23日

羡　慕

永远不要去羡慕其他的大企业。你现在的公司一定是最好的，但前提是你必须要共享统一的目标、责任和价值观。

——阿里巴巴网商论坛·上海站，2005年7月

坚定个人信念

你自己要相信、要坚持、要学习，并且要做正确的事。这四个关键使阿里巴巴走到现在，没有坚信不疑的事情，你是会走不下去的。我坚信互联网会影响中国、改变中国；我坚信中国可以发展电子商务；我也相信电子商务要发展，必须先让网商们富起来。

——第四届中国网商大会，2007年9月15日

分享学习

我是老师出身，我喜欢探讨成长的方式，我十几年的创业管理经验如果不用于分享，那就是一堆废物，越分享越值钱，越分享越珍贵。

——对话稻盛和夫，2008年10月28日作为一个老师，你会永远相信未来。你相信知识会改变人的生活，你相信并希望你的学生比你更优秀。学生是最好的奖励。今天我不再是一个老师，但在我的公司里，CEO代表着“首席教育官”。

——亚洲“创变者奖”颁奖典礼，2014年

障　碍

达到你的目标需要很长的距离，这并不可怕，可怕的是你不知道距离有多长。

——阿里巴巴网商论坛·宁波站，2002年6月11日

实现梦想

（想清楚梦想后）要确定该做什么去实现你的梦想，这其中包括懂得后退一步和舍弃，尤其是关键的时候，需要（提前）做好舍弃和与别人分享的准备。

——阿里巴巴网商论坛·深圳站，2008年3月5日

英 雄

我喜欢好莱坞电影中的英雄。在中国的电影里，我们也有英雄，但是所有中国电影里的英雄都死掉了。美国电影里所有的英雄却都活了下来。所以我想问问人们，如果英雄都死掉了，谁还会想当英雄呢？

——《彭博市场》，2015年11月11日

讲真话

学生们喜欢我的风格，我相信这儿所有的年轻人跟我一样，喜欢听真话，所以我跟他们进行彻底坦诚的沟通。世界上最难的是讲真话，最容易讲的也是真话。当你跟他们讲真话的时候他们会听。我会骂一些人，骂他们是因为爱他们，如果到了连骂都不骂的时候，就是我不爱他们了。

——《财富人生》节目，2003年3月29日

改变自己

很多年前，我想改变世界。现在我相信，要改变世界，首先要改变自己，改变自己比改变世界更重要，也更容易。其次，我想改善世界。改变世界，那可能是奥巴马的工作。

——对话查理·罗斯，世界经济论坛，

2015年1月23日

不要放弃今天

5年以前也是这个时候，在长城上，我跟我们的同事想创办一个全世界最伟大的公司。当时这被很多人认为是疯子的想法。不管别人怎么说，我从来没有改变过一个中国人想创办全世界最伟大公司的梦想。

在互联网最不景气的2001年和2002年，我们在公司里面讲得最多的词就是“活着”。如果全部的互联网公司都死了，而我们还活着，我们就赢了。我永远相信只要永不放弃，我们还是有机会的。我们还是要坚信一点，这世界上只要有梦想，只要不断努力，只要不断学习，就有成功的那一天。今天很残酷，明天更残酷，后天很美好，但绝大部分是死在明天晚上，所以每个人都不要放弃今天！

——中国经济年度人物颁奖盛典，2004年12月28日

阿里巴巴大事记

1964

1964年9月10日，马云出生在浙江省杭州市的一户普通人家，父母都是传统戏剧工作者。

1985

马云去澳大利亚拜访他的一位朋友，在那里他意识到自己所见到的世界与教科书里描述的世界千差万别。

1988

马云从杭州师范学院毕业，并获得英语学士学位。

1995

马云去了西雅图，在那里通过朋友的介绍首次接触到了互联网。

马云和妻子张瑛再加上一个朋友，凑了两万元钱创办了“中国黄页”——一家网站开发公司。

1998

马云和其他17位创始人准备创立中国首个在线交易市场。

1999

3月，阿里巴巴集团推出自己的网站，即一个B2B电子商务平台。

阿里巴巴集团由高盛公司牵头，联合美国、亚洲、欧洲一流的基金公司，成功引入500万美元风险投资基金。

2000

阿里巴巴集团从软银集团、高盛公司和富达国际等投资者那里成功融资2 000万美元。

阿里巴巴集团举办首届“西湖论剑”，一个汇聚互联网界的商业领袖的论坛。

2001

阿里巴巴集团为了更好地服务国际卖家，推出“诚信通”。

阿里巴巴集团注册使用者突破100万人，成为全球首家会员过百万人的电子商务网站。

2002

阿里巴巴集团首次实现盈利。

2003

阿里巴巴集团投资4.5亿元人民币创办和运行淘宝网，即一个C2C电子商务平台。

阿里巴巴集团推出交流软件工具“贸易通”（AliTalk），它可以使买方和卖方通过网络进行线上即时沟通交流。

阿里巴巴集团推出一款独立的网上交易安全支付产品——支付宝，服务于淘宝平台。

2004

阿里巴巴集团成功地在软银集团、富达国际、德丰杰（DFJ）和寰慧投资公司等投资者和机构那里融资8 200万美元，是当时中国互联网界规模最大的私募融资。

阿里巴巴集团举办第一届中国网商大会。

阿里巴巴集团在淘宝网上推出一款即时通讯软

件——阿里旺旺。

支付宝成为独立的公司。

马云获评“CCTV十大中国经济年度人物”。

2005

阿里巴巴集团投资10亿美元，收购雅虎40%的股权。

阿里巴巴集团执掌雅虎中国。

阿里巴巴集团被评选为“2005CCTV中国年度雇主调查”最佳雇主。

阿里巴巴集团日纳税100万元人民币，是中国纳税额最大的企业之一。马云为此而感到自豪，因为这标志着他公司的规模和成长。

马云荣获《商业周刊》评选的“年度商人”称号。

2006

淘宝网与eBay（易趣网）争夺中国国内电子商务市场并取得成功，eBay关闭了自己在中国的网站。

2007

阿里巴巴集团推出淘宝大学计划，服务于电子商务用户。

由杭州市人民政府、中国电子商务协会、阿里巴巴集团共同主办的第二届网商节在杭州成功举办。

阿里巴巴网络有限公司成功地在香港联合交易所主板上市，全球发售融资总额为131亿港元（约17亿美元），这使得阿里巴巴成为全球第二大规模的互联网公司并首次公开募股。

阿里巴巴集团成立网络营销平台——阿里妈妈。

2008

淘宝网举办了5周年庆典，马云宣布对淘宝网追加20亿元人民币投资。

淘宝网推出商对客零售网站——淘宝商城（现称“天猫”）。阿里巴巴集团成立了阿里巴巴集团研发院。

2009

阿里巴巴集团庆祝创立10周年。

马云创造“光棍节”（双11）。

支付宝的用户数超过2亿人大关，这意味着超过一半的中国网民使用电子商务。

阿里巴巴集团获得大西洋大众公司（一家全球领先的增长权益类私人股权投资基金公司）7 500万美元的投资。

阿里巴巴集团成立阿里云计算（阿里云）。

阿里巴巴集团收购了中国最大的互联网服务提供商——中国万网。

马云获评《时代周刊》“全球最具影响力人物”100强。

马云荣获“CCTV中国经济年度人物”“中国经济十年商业领袖”荣誉。

2010

阿里巴巴网站将主域名更换为“1688.com”。

阿里巴巴集团正式推出全球速卖通（AliExpress），服务于中国出口商。

阿里巴巴集团宣布成立“大淘宝”战略执行委员会，其成员来自淘宝网、支付宝、阿里云计算和中国雅虎的高管，以确保“大淘宝”战略的成功执行。

阿里巴巴集团宣布从2010年起将年度收入的0.3%作为环保基金，以促进全社会对环境问题的认识。

阿里巴巴集团收购两家服务美国小企业的电子商务服务供应商Vendio及Auctiva。

淘宝网推出了自己的移动应用程序。

2011

淘宝商城（天猫）成为独立公司。

阿里巴巴集团宣布将在中国打造一个仓储网络体系，并大力投资中国物流业。

雅虎递交的美国证监会文件披露，马云擅自将阿里巴巴集团旗下子公司支付宝的所有权转移到马云和谢世煌（阿里巴巴创始人之一）控股的一家内资公司（浙江阿里巴巴电子商务有限公司）。自此，支付宝的控制权之争浮出水面。

支付宝经中国人民银行批准，获得第三方支付许可牌照，成为首批通过的27家企业之一。

阿里巴巴集团、雅虎和软银就支付宝股权转让事件正式签署协议，协议明确，支付宝将继续为阿里巴巴集团及其相关公司提供服务，同时阿里巴巴集团也将获得支付宝的控股公司给予的合理经济回报。

马云明确表达了收购雅虎股份的意向。

阿里巴巴集团与雅虎联合宣布，双方已就股权回购一事签署最终协定，阿里巴巴集团耗资71亿美元向雅虎回购20%的股权。

2012

阿里巴巴网络有限公司正式从香港联合交易所退市。

阿里巴巴集团成立阿里巴巴公益基金会以支持公益活动。

阿里巴巴集团初步完成对中国雅虎的股份回购并重组与雅虎的关系。

淘宝网和天猫平台本年度的交易额突破人民币10 000亿元。

2013

淘宝网庆祝创立10周年。

马云向员工宣布将卸任阿里巴巴集团CEO一职。

陆兆禧接替马云担任阿里巴巴集团CEO，马云则继续担任阿里巴巴集团执行主席。

阿里巴巴集团发布阿里智慧TV系统和移动社交应用程序“来往”。

马云在11月获颁香港科技大学荣誉博士学位。

阿里巴巴集团联合银泰集团、顺丰集团、中通、圆通、申通、韵达等多家民营快递企业，共同成立菜鸟网络科技有限公司，并同时启动中国智能物流骨干网（China Smart Logistic Network，CSN）的项目建设，马云担任董事长。

阿里巴巴集团入股美国电商物流配送服务公司ShopRunner（又称“小绿人”），继而在第二轮融资中再度领头，接手eBay所持有的30%股份。

《福布斯》杂志发布“全球最具影响力人物”排行榜，马云上榜，排名第30位。

2014

马云与阿里巴巴集团共同创始人蔡崇信宣布将成立个人公益信托基金，该基金来源于他们在阿里巴巴所拥有的期权，总体规模为阿里巴巴集团总股本的2%。

阿里巴巴集团认购影视剧制作公司——文化中国60%的股份。

阿里巴巴（证券代码为“BABA”）在纽约证券交易所上市，发行价格定为每股68美元，融资总额高达218亿美元，成为历史上规模最大的IPO交易。

阿里巴巴集团市值达到2 383.32亿美元。至此，阿里巴巴执行主席马云的身家也达到212.12亿美元，成为中国新首富。

马云入选《时代周刊》年度风云人物。

阿里巴巴集团购入优酷土豆集团（类似于YouTube的中国视频网站）相当数量的股权。

阿里巴巴集团斥资1.92亿美元收购广州恒大足球俱乐部50%的股权。

马云荣获亚洲协会“创变者奖”。

2015

《福布斯》杂志发布“全球最具影响力人物”排行榜，马云排名第22位。

阿里巴巴集团“光棍节”（11月11日）交易额达到143.2亿美元，同比增长60%。

阿里巴巴集团通过收购Paytm（印度最大移动支付和商务平台）母公司One97 Communications25%的股份进军印度电子商务市场。

阿里巴巴集团以2.66亿美元的价格收购香港的《南华早报》以及其旗下其他媒体资产。

参考资料

第1篇　马云这个人

技术才能

2014年10月16日，马云出席由亚洲协会在纽约联合国总部举办的首届亚洲“创变者奖”颁奖典礼时发表的演讲。可参见http://asiasociety.org/video/jack-ma-small-beautiful-small-powerful。

保持平衡

2015年1月23日，马云参加在瑞士达沃斯举办的世界经济论坛时，接受查理·罗斯的采访。可参见https://www.youtube.com/watch?v=aqSkQye85OQ。

自学英语

2014年10月16日，马云出席由亚洲协会在纽约联合国总部举办的首届亚洲“创变者奖”颁奖典礼时发表的演讲。可参见http://asiasociety.org/video/jack-ma-small-beautiful-small-powerful。

绝不愚蠢

我疯狂，但绝不愚蠢[J].中国商界，2008（5）:51-51。

盲人骑瞎虎

2014年10月16日，马云出席由亚洲协会在纽约联合国总部举办的首届亚洲“创变者奖”颁奖典礼时发表的演讲。可参见http://asiasociety.org/video/jack-ma-small-beautiful-small-powerful。

第2篇　商业原则

共同价值观

2002年6月11日，马云出席在宁波市举办的阿里巴巴网商论坛时发表的题名《阿里巴巴的发展战略》的演讲。可参见http://blog.sina.com.cn/s/blog_62ee90850100oawo.html。

韩曰田. 马云的管理学[N].新华社，2004-2-25。可参见http://www.sinoec.net/article9956.html。

公司层级

2009年9月10日，阿里巴巴集团在中国杭州市的黄龙体育场举办阿里巴巴集团10周年庆典，马云出席此次活动时所发表的演讲。可参见http://tech.163.

com/09/0911/00/5IT0UL13000915BF.html。

强化制度

2008年8月2日，马云出席第二届亚太经济合作组织工商咨询理事会亚太中小企业峰会暨第五届中国网商大会时发表的演讲。可参见http://video.1688.com/video/view/122801.html。

售假指控

Michael Schuman, "Why Alibaba's Massive Counterfeit Problem Will Never Be Solved," *Forbes*, November 4,2015, http://www.forbes.com/sites/michaelschuman/2015/11/04/alibaba-and-the-40000-thieves/#4264120c0b89.

销售动机

2005年7月22日，马云在中国青岛市丽晶大酒店参加阿里巴巴网商论坛时发表的演讲。

经济复苏

2009年，马云在新加坡出席亚太经济合作组织中小企业峰会，并发表题名《小即是美丽》的主题演讲。可参见https://www.youtube.com/watch?v=vG37c28L9B4。

关键绩效指标

2010年1月19日，马云写给阿里巴巴员工的一封题名《制度、文化和KPI》的内部邮件，可参见http://www.enet.com.cn/article/2010/0121/A20100121602282.shtml。

欺诈行为

2005年7月，马云在中国上海市出席阿里巴巴网商论坛时发表的演讲。

接班人计划

2008年3月17日，马云出席在北京市长城希尔顿酒店举办的阿里巴巴网商论坛时发表的题名《次贷危机下的中小企业生存之道》的主题演讲。可参见http://v.youku.com/v_show/id_cb00XMjI0MzMzMTY=.html?spm=a2hg8.7662898.0.0.iIryfS。

批评

2001年5月11日，马云在北京市出席第四届中国北京高新技术产业国际周“数字化中国”论坛时发表的演讲。

21世纪的企业责任

2009年9月10日，阿里巴巴集团在中国杭州市的黄龙体育场举办阿里巴巴集团10周年庆典，马云出席此次活动时发表的演讲。可参见http://tech.163.com/09/0911/00/5IT0UL13000915BF.html。

耐心

2001年7月，马云应邀担任比特网“名人论谈”嘉宾，回答网友提问。可参见http://news.xinhuanet.com/info/2013-07/15/c_132542748.htm。

完美主义

“Know Yourself and Your Enemy, You Can Fight a Hundred Battles Without a Defeat,” *Nikkei Business*,May 2002.

“野狗”和“小白兔”

2001年9月，马云在中国厦门市出席阿里巴巴网商论坛时发表的演讲。可参见http://club.1688.com/

article/5822103.html。

招聘用人

2005年3月，马云在中国东莞市出席阿里巴巴网商论坛时发表的演讲。可参见http://www.qoocc.com/dianshang/20141008/10717.html。

投资员工

"Know Yourself and Your Enemy, You Can Fight a Hundred Battles Without a Defeat," *Nikkei Business*,May 2002.

第3篇　阿里巴巴和其他企业

创业早期

2015年6月9日，马云在纽约市出席纽约经济俱乐部时发表的演讲。可参见https://www.youtube.com/watch?v=eh1c5G7gXQE。

保持微笑

2006年6月16日，马云在管理干部交流会上发表的讲话。可参见https://club.1688.com/article/5697760l.htm。

商业模式

2015年9月24日，马云出席在美国斯坦福大学商学院举办的第38届年度ENCORE奖颁奖典礼，并与杨致远进行“炉边谈话”。可参见https://www.youtube.com/watch?v=kh_wPWQrWZA。

不只做中国企业

2003年3月29日，浙江卫视访谈节目《财富人生》。可参见http://video.1688.com/video/view/92159.html。

与众不同的思想

2005年3月，马云在中国东莞市出席阿里巴巴网商论坛时发表的演讲。可参见http://www.qoocc.com/dianshang/20141008/10717.html。

专注

2009年9月10日，阿里巴巴集团在中国杭州市的黄龙体育场举办阿里巴巴集团10周年庆典，马云出席此次活动时发表的演讲。可参见http://tech.163.com/09/0911/00/5IT0UL13000915BF.html。

商业女性

2015年1月23日，马云参加在瑞士达沃斯举办的世界经济论坛时，接受查理·罗斯的采访。可参见https://www.youtube.com/watch?v=aqSkQye85OQ。

与政府的关系

2014年9月28日，马云接受哥伦比亚广播公司（CBS）访谈节目《60分钟》专访，对话记者劳拉·罗根（Lara Logan）。可参见http://www.cbsnews.com/videos/jack-ma-brings-alibaba-to-america/。

用户体验

2003年3月29日，浙江卫视访谈节目《财富人生》首播马云专访实录，对话节目主持人赵晓。可参见http://video.1688.com/video/view/92159.html。

变化

2004年9月10日，马云出席阿里巴巴集团5周年庆典时发表的讲话。

企业文化

2005年7月22日，马云在中国青岛市丽晶大酒店参加阿里巴巴网商论坛时发表的演讲。

未来愿景

2015年6月9日，马云在纽约市出席纽约经济俱乐部时发表的演讲。可参见https://www.youtube.com/watch?v=ehIc5G7gXQE。

收购中国雅虎

2015年9月24日，马云出席在美国斯坦福大学商学院举办的第38届年度ENCORE奖颁奖典礼，并与杨致远进行“炉边谈话”。可参见https://www.youtube.com/watch?v=kh_wPWQrWZA。

光棍节（双11）

2014年11月11日，马云接受美国全国广播公司财经频道（CNBC）《华尔街直播室》的专访，对话戴维·费伯（David Faber）。可参见http://www.cnbc.com/2014/11/11/cnbc-exclusive-cnbc-transcript-alibaba-founder-executive-chairman-jack-ma-sits-down-with-cnbcs-david-faber-today-on-squawk-on-the-street.html。

2015年11月11日，马云接受《彭博市场》杂志记者埃米莉·张（Emily Chang）的专访。可参见http://www.bloomberg.com/news/videos/2015-11-11/alibaba-aims-for-50-revenue-outside-china-jack-ma。

阿里学院

2003年12月17日，马云出席在北京市清华大学举办的哈佛—清华高层经理研修讲座时发表的演讲。可参见http://www.oh100.com/a/201210/180065.html。

淘宝网

2004年9月27日，马云接受路透社专访。可参见http://www.yesky.com/ColumnArea/217028202160193536/20041027/1869222.shtml。

支付宝

潘灯. 马云：我的创新是被逼出来的[EB/OL]. 浙商在线，[2011-03-30]. http://media.sj998.com/html/2011-03-30/283617.shtml。

投资健康

2015年11月11日，马云接受《彭博市场》杂志记者埃米莉·张的专访。可参见http://www.bloomberg.com/news/videos/2015-11-11/alibaba-aims-for-50-revenue-outside-china-jack-ma。

投资幸福

2015年11月11日，马云接受《彭博市场》杂志记者埃米莉·张的专访。可参见http://www.bloomberg.com/news/videos/2015-11-11/alibaba-aims-for-50-revenue-outside-china-jack-ma。

第4篇　领导力

组建管理团队

2003年3月29日，浙江卫视访谈节目《财富人生》首播马云专访实录，对话节目主持人赵晓。可参见http://video.1688.com/video/view/92159.html。

笑傲江湖

2002年6月11日，马云出席在宁波市举办的阿里巴巴网商论坛时发表的题名《阿里巴巴的发展战略》的演讲。可参见http://blog.sina.com.cn/s/

blog_62ee90850100oawo.html。

善用人才

2008年9月4日，马云接受《解放日报》的专访。可参见http://finance.people.com.cn/BIG5/7789211.html。

组织结构

2008年3月5日，马云在中国深圳市出席阿里巴巴网商论坛时发表的演讲。可参见http://tech.hexun.com.tw/2008-03-07/104268751.html。

团队精神

2002年6月11日，马云出席在宁波市举办的阿里巴巴网商论坛时发表的题名《阿里巴巴的发展战略》的演讲。可参见http://blog.sina.com.cn/s/blog_62ee90850100oawo.html。

做领导者

2008年3月28日，马云在湖畔学院发表的演讲。

NBA队员

2002年6月11日，马云出席在宁波市举办的阿里巴巴网商论坛时发表的题名《阿里巴巴的发展战略》的演讲。可参见http://blog.sina.com.cn/s/blog_62ee90850100oawo.html。

眼光、胸怀和实力

2003年3月29日，浙江卫视访谈节目《财富人生》首播马云专访实录，对话节目主持人赵晓。可参见http://video.1688.com/video/view/92159.html。

直面危机

2007年9月15日，马云出席在杭州市浙江省人民大会堂举办的第四届中国网商大会时发表的题名《网商崛起》的主题演讲。可参见http://tech.sina.com.cn/i/2007-09-15/10501741914.shtml。

不要给士兵望远镜

肖文健.马云创业语录[M].北京：中国致公出版社，2008。

孤独

2008年3月5日，马云在中国深圳市出席阿里巴巴网商论坛时发表的演讲。可参见http://tech.hexun.com.tw/2008-03-07/104268751.html。

决策和犯错

2008年3月5日，马云在中国深圳市出席阿里巴巴网商论坛时发表的演讲。可参见http://tech.hexun.com.tw/2008-03-07/104268751.html。

CEO的历练

2007年9月15日，马云出席在杭州市浙江省人民大会堂举办的第四届中国网商大会时发表的题名《网商崛起》的主题演讲。可参见http://tech.sina.com.cn/i/2007-09-15/10501741914.shtml。

培养员工

2005年7月，马云在中国上海市出席阿里巴巴网商论坛时发表的演讲。

MBA们

2002年4月19日，世界经济论坛中国企业高峰会在北京市君悦酒店举办，马云出席时发表的演讲。可参见http://club.1688.com/article/8053314.html。

第5篇　成功与失败

黑暗日子里的重要一课

Rebecca Fannin, “How I Did It: Jack Ma, Alibaba.com,” *Inc.*, January 1, 2008, http://www.inc.com/magazine/20080101/how-i-did-it-jack-ma-alibaba.html.

没有不犯错误的CEO

2005年7月22日，马云在中国青岛市丽晶大酒店参加阿里巴巴网商论坛时发表的演讲。

从经验中学习

2005年3月21日，马云在中国广州市出席阿里巴巴网商论坛时发表的演讲。

四项素质

陈雪频．雅虎中国：绝不从竞争对手抢人 [N].第一财经日报,2005-11-24。可参见http://media.people.com.cn/GB/40606/3888808.html。

设置实际的目标

2004年6月13日，杭州市浙江世贸中心召开第一届中国网商大会，马云出席时发表的演讲。可参见http://blog.msn.soufun.com/5414606/143703/articledetail.htm。

员工满意度

2005年3月21日，马云在中国广州市出席阿里巴巴网商论坛时发表的演讲。

保持危机感

2007年11月6日，马云出席阿里巴巴在香港联交所挂牌上市新闻发布会时发表的演讲。可参见http://tech.sina.com.cn/i/2007-11-06/18061836286.shtml。

积极向上

2008年10月28日，马云在日本东京的京瓷集团总部，对话稻盛和夫。可参见http://www.iceo.com.cn/zazhi/2008/1215/191174.shtml。

努力工作

2003年3月29日，浙江卫视访谈节目《财富人生》首播马云专访实录，对话节目主持人赵晓。可参见

http://video.1688.com/video/view/92159.html。

学习失败

2007年8月，中央电视台财经频道原创节目《赢在中国》。可参见http://video.1688.com/video/view/114800.html?spm=0.0.0.0.8cr8Lw。

不畏惧犯错

2001年9月10日，阿里巴巴集团在中国杭州市阿里总部举办阿里巴巴集团2周年庆典，马云出席此次活动时发表的演讲。

失败乃成功之母

2002年6月11日，马云出席在宁波市举办的阿里巴巴网商论坛时发表的题名《阿里巴巴的发展战略》的演讲。可参见http://blog.sina.com.cn/s/blog_62ee90850100oawo.html。

寻找捷径

2005年7月22日，马云在中国青岛市丽晶大酒店参加阿里巴巴网商论坛时发表的演讲。

危机中考虑客户

2007年8月，中央电视台财经频道原创节目《赢在中国》。可参见http://video.1688.com/video/view/114800.html?spm=0.0.0.0.8cr8Lw。

第6篇　竞争

包容竞争

2005年7月，马云在中国上海市出席阿里巴巴网商论坛时发表的演讲。

享受竞争

2008年3月17日，马云出席在北京市长城希尔顿酒店举办的阿里巴巴网商论坛时发表的题名《次贷危机下的中小企业生存之道》的主题演讲。可参见http://v.youku.com/v_show/id_cb00XMjI0MzMzMTY=.html?spm=a26g8.7662898.0.0.iIryfS。

钱的魔力

2008年3月17日，马云出席在北京市长城希尔顿酒店举办的阿里巴巴网商论坛时发表的题名《次贷危机下的中小企业生存之道》的主题演讲。可参见http://v.youku.com/v_show/id_cb00XMjI0MzMzMTY=.html?spm=a26g8.7662898.0.0.iIryfS。

只做长江里的鳄鱼

2004年10月23日，马云在杭州市的阿里巴巴办公室接受美国全国广播公司财经频道（CNBC）的专访。

禁锢思想

2011年9月10日，马云出席在杭州市举办的第八届中国网商大会时发表的演讲。可参见http://tech.ifeng.com/internet/special/2011top10wangshang/content-1/detail_2011_09/10/9100203_0.shtml。

谁也不是赢家

2011年9月10日，马云出席在杭州市举办的第八届中国网商大会时发表的演讲。可参见http://tech.ifeng.com/internet/special/2011top10wangshang/content-1/detail_2011_09/10/9100203_0.shtml。

eBay

张旭光．马云：eBay输了第一回合[N].北京晨报，

2004-10-21。可参见http://www.yesky.com/ColumnArea/217028202160193536/20041027/1869222.shtml。

面对竞争者

2005年7月22日，马云在中国青岛市丽晶大酒店参加阿里巴巴网商论坛时发表的演讲。

价格战

新浪科技．内部点评京东的电商“价格战”[EB/OL].新浪，[2012-08-27]. http://tech.sina.com.cn/i/2012-08-27/11427550288.shtml。

识别竞争者

网易科技.马云：融资背后的故事[EB/OL].科技频道，[2004-02-17].http://tech.163.com/04/0228/15/0G856H7H000915B4.html。

要么第一，要么第二

2005年9月23日，马云在阿里巴巴集团员工大会上发表的讲话，欢迎雅虎团队的加入。

竞争策略

2005年7月，马云在中国上海市出席阿里巴巴网商论坛时发表的演讲。

亚马逊

2015年11月11日，马云接受《彭博市场》杂志记者埃米莉·张的专访。可参见http://www.bloomberg.com/news/videos/2015-11-11/alibaba-aims-for-50-revenue-outside-china-jack-ma。

大象

张旭光．马云：eBay输了第一回合[N].北京晨报，2004-10-21。可参见http://www.yesky.com/ColumnArea/217028202160193536/20041027/1869222.shtml。

盲目模仿者

2008年3月5日，马云在中国深圳市出席阿里巴巴网商论坛时发表的演讲。可参见http://tech.hexun.com.tw/2008-03-07/104268751.html。

2007年8月，中央电视台财经频道原创节目《赢在中国》。可参见http://video.1688.com/video/view/114800.html?spm=0.0.0.0.8cr8Lw。

第7篇 资金、投资和价值

董事会

何华峰．马云：五公司业务独立管理 预防股东过度干预[J].财经，2007。可参见http://it.sohu.com/20070802/n251370192.shtml。

投资者

2015年11月11日，马云接受《彭博市场》杂志记者埃米莉·张的专访。可参见http://www.bloomberg.com/news/videos/2015-11-11/alibaba-aims-for-50-revenue-outside-china-jack-ma。

财政责任

Charles Bedford, "China: An Interview with Jack Ma," December 2009, http://www.nature.org/ourinitiatives/regions/asiaandthepacific/china/explore/an-interview-with-jack-ma-main-page.xml。

资金储备

2015年9月29日，马云出席克林顿全球倡议大会，对话比尔·克林顿，畅谈“未来的平等与机遇”，可参见https://www.youtube.com/watch?v=l7Be_6NEPQE。

淘汰投机者

2005年3月，马云在中国东莞市出席阿里巴巴网商论坛时发表的演讲。可参见http://www.qoocc.com/dianshang/20141008/10717.html。

股东、投资者和客户

2010年10月12日，马云出席在北京举行的中国计算机大会时发表的演讲。可参见http://tech.sina.com.cn/i/2010-10-12/13274736733.shtml。

创造价值

2007年9月15日，马云出席在杭州市浙江省人民大会堂举办的第四届中国网商大会时发表的题名《网商崛起》的主题演讲。可参见http://tech.sina.com.cn/i/2007-09-15/10501741914.shtml。

软银集团

井上笃夫.飞得更高[M].北京：中国铁道出版社，2006。马云为本书撰写序言。

找投资就像结婚

2001年9月，马云在中国厦门市出席阿里巴巴网商论坛时发表的演讲。可参见http://club.1688.com/article/5822103.html。

香港IPO上市

2008年7月23日，马云写给阿里巴巴员工的一封题名《冬天的使命》的内部邮件。可参见http://tech.hexun.com.tw/2008-07-24/107658586.html。

2007年11月6日，马云出席阿里巴巴在香港联交所挂牌上市新闻发布会时发表的演讲。可参见http://tech.sina.com.cn/i/2007-11-06/18061836286.shtml。

持股比例

网易科技.马云：融资背后的故事[EB/OL].科技频道，[2004-02-17].http://tech.163.com/04/0228/15/0G856H7H000915B4.html。

纽约证券交易所的IPO

2015年9月24日，马云出席在美国斯坦福大学商学院举办的第38届年度ENCORE奖颁奖典礼，并与杨致远进行“炉边谈话”。可参见https://www.youtube.com/watch?v=kh_wPWQrWZA。

为顾客创造利润

2004年9月10日，马云出席阿里巴巴集团5周年庆典时所发表的演讲。

2005年11月，马云出席在中国深圳市香格里拉酒店举办的阿里巴巴网商论坛时发表的演讲。可参见http://blog.1688.com/blog/shweiya/article/b0-i314440-p1.html。

融资

网易科技.马云：融资背后的故事[EB/OL].科技频道，[2004-02-17].http://tech.163.com/04/0228/15/0G856H7H000915B4.html。

免费服务

2003年3月29日，浙江卫视访谈节目《财富人生》首播马云专访实录，对话节目主持人赵晓。可参见http://video.1688.com/video/view/92159.html。

阿里巴巴的股票价格

2014年11月11日，马云接受美国全国广播公司财经频道（CNBC）《华尔街直播室》的专访，对话戴维·费伯。可参见http://www.cnbc.com/2014/11/11/cnbc-exclusive-cnbc-transcript-alibaba-founder-executive-chairman-jack-ma-sits-down-with-cnbcs-david-faber-today-on-squawk-on-the-street.html。

第8篇　创业与创新

内部邮件

2011年8月27日，马云写给阿里巴巴员工的一封题名《给新来阿里不到三年的员工》的内部邮件。可参见http://blog.sina.com.cn/s/blog_8cc4e47e0100xa2n.html。

我们的战略是什么？

2008年3月17日，马云出席在北京市长城希尔顿酒店举办的阿里巴巴网商论坛时发表的题名《次贷危机下的中小企业生存之道》的主题演讲。可参见http://v.youku.com/v_show/id_cb00XMjI0MzMzMTY=.html?spm=

a26g8.7662898.0.0.iIryfS。

怀抱梦想

2007年9月15日，马云出席在杭州市浙江省人民大会堂举办的第四届中国网商大会时发表的题名《网商崛起》的主题演讲。可参见http://tech.sina.com.cn/i/2007-09-15/10501741914.shtml。

内需

2015年9月24日，马云出席在美国斯坦福大学商学院举办的第38届年度ENCORE奖颁奖典礼，并与杨致远进行“炉边谈话”。可参见https://www.youtube.com/watch?v=kh_wPWQrWZA。

金钱与梦想

2015年6月9日，马云在纽约市出席纽约经济俱乐部时发表的演讲。可参见https://www.youtube.com/watch?v=eh1c5G7gXQE。

感恩

2008年3月5日，马云在中国深圳市出席阿里巴巴网商论坛时发表的演讲。可参见http://tech.hexun.com.

tw/2008-03-07/104268751.html。

1001个错误

Rebecca Fannin, “How I Did It: Jack Ma, Alibaba.com,” *Inc.*, January 1, 2008, http://www.inc.com/magazine/20080101/how-i-did-it-jack-ma-alibaba.html。

创业资金

2008年8月2日，马云出席第二届亚太经济合作组织工商咨询理事会亚太中小企业峰会暨第五届中国网商大会时发表的演讲。可参见http://video.1688.com/video/view/122801.html。

公司规模和定位

2001年11月19日，马云在中国温州市出席阿里巴巴网商论坛时发表的演讲。可参见http://www.investide.cn/news/75530.html。

多元化和创新

2008年3月28日，马云在湖畔学院发表的演讲。

迎接挑战

2004年，马云做客央视网。可参见http://www.

cncfan.com/html/49/1233.html。

馊主意

2007年6月13日，马云在国际技术部动员会上的讲话。

给网商的忠告

2004年6月13日，杭州市浙江世贸中心召开第一届中国网商大会，马云出席时发表的演讲。可参见http://blog.msn.soufun.com/5414606/143703/articledetail.htm。

疯狂的创新者

2005年12月8日，马云参加中央电视台创新论坛北京大学专场时发表的演讲。可参见http://v.youku.com/v_show/id_XOTg2MjEzNjg=.html。

解决方案

2005年7月22日，马云在中国青岛市丽晶大酒店参加阿里巴巴网商论坛时发表的演讲。

中小企业

2008年4月14日，马云在中国博鳌出席博鳌亚洲论坛时发表的演讲。

年轻人

2014年11月11日，马云接受美国全国广播公司财经频道（CNBC）《华尔街直播室》的专访，对话戴维·费伯。可参见http://www.cnbc.com/2014/11/11/cnbc-exclusive-cnbc-transcript-alibaba-founder-executive-chairman-jack-ma-sits-down-with-cnbcs-david-faber-today-on-squawk-on-the-street.html。

第9篇　媒体与市场推广

给公司起名字

2015年1月23日，马云参加在瑞士达沃斯举办的世界经济论坛时，接受查理·罗斯的采访。可参见https://www.youtube.com/watch?v=aqSkQye85OQ。

广告营销

马云．品牌不等于广告，广告砸出来的只是知名度[EB/OL].阿里巴巴博客，[2012-03-19]. http://www.ithome.com/html/it/13136.htm。

“招财进宝”

2006年6月16日，马云在管理干部交流会上发表的讲话。可参见https://club.1688.com/article/56977601.htm。

借比尔·盖茨之名

2008年12月25日，马云出席河南省青年创业大讲堂时发表的演讲。可参见http://video.1688.com/video/view/124125.html。

成为马云

2005年7月22日，马云在中国青岛市丽晶大酒店参加阿里巴巴网商论坛时发表的演讲。

讲真话

2001年7月，马云应邀担任比特网“名人论谈”嘉宾，回答网友提问。可参见http://news.xinhuanet.com/info/2013-07/15/c_132542748.htm。

树立品牌和博得信任

2002年3月10日，马云出席“诚信通”新闻发布会时发表的演讲。

第一次西方媒体采访经历

2002年6月11日，马云出席在宁波市举办的阿里巴巴网商论坛时发表的题名《阿里巴巴的发展战略》的演讲。可参见http://blog.sina.com.cn/s/blog_62ee90850100oawo.html。

打造信誉度

2005年12月8日，马云参加中央电视台创新论坛北京大学专场时发表的演讲。可参见http://v.youku.com/v_show/id_XOTg2MjEzNjg=.html。

互联网

2001年11月19日，马云在中国温州市出席阿里巴巴网商论坛时发表的演讲。可参见http://www.investide.cn/news/75530.html。

第10篇　互联网、电子商务和国际贸易

互联网引入中国

2015年6月9日，马云在纽约市出席纽约经济俱乐部时发表的演讲。可参见https://www.youtube.com/

watch?v=ehlc5G7gXQE。

中美比较

2015年6月9日，马云在纽约市出席纽约经济俱乐部时发表的演讲。可参见https://www.youtube.com/watch?v=ehlc5G7gXQE。

给中国的建议

2015年6月9日，马云在纽约市出席纽约经济俱乐部时发表的演讲。可参见https://www.youtube.com/watch?v=ehlc5G7gXQE。

对美国企业的建议

2004年9月21日，马云在中国香港出席福布斯全球行政总裁会议时发表的演讲。

盈利

2001年4月13—26日，马云在第89届广州交易会上对阿里巴巴客户所作的演讲。

反馈考核

2001年9月，马云在中国厦门市出席阿里巴巴网商论坛时发表的演讲。可参见http://club.1688.com/

article/5822103.html。

贸易

2015年11月18日，马云出席亚太经济合作组织工商领导人峰会，对话巴拉克·奥巴马。可参见https://www.youtube.com/watch?v=WACqJ28OJUY。

新型中间商

马云．如果客户更满意其他方式我愿意扔掉电子商务[N]．第一财经日报,2006-1-26。可参见http://biz.163.com/06/0127/06/28F1O0PI00020QGP.html。

中小企业的角色

2002年3月10日，马云出席“诚信通”新闻发布会时发表的演讲。

伪造者

Michael Schuman, “Why Alibaba’s Massive Counterfeit Problem Will Never Be Solved,” *Forbes*, November 4,2015, http://www.forbes.com/sites/michaelschuman/2015/11/04/alibaba-and-the-40000-thieves/#4264120c0b89.

中国式B2B

2001年4月13—26日，马云在第89届广州交易会上对阿里巴巴客户所作的演讲。

小即是美丽

Jack Ma, “Small Is Beautiful,” *New York Times*, October 26, 2009, http://www.nytimes.com/2009/10/27/opinion/27iht-edma.html?_r=0.

信誉

2002年3月10日，马云出席“诚信通”新闻发布会时发表的演讲。

中小企业峰会

2009年，马云在新加坡出席亚太经济合作组织中小企业峰会，并发表题名《小即是美丽》的主题演讲。可参见https://www.youtube.com/watch?v=vG37c28L9B4。

第11篇　环保主义与慈善事业

中国的责任

Charles Bedford, "China: An Interview with Jack Ma," December 2009, http://www.nature.org/ourinitiatives/regions/asiaandthepacific/china/explore/an-interview-with-jack-ma-main-page.xml。

捐款

马云慈善语录[EB/OL].（2007-09-17）. http://it.enorth.com.cn/system/2007/09/17/001990873.shtml。

同上。

慈善事业

2015年9月24日，马云出席在美国斯坦福大学商学院举办的第38届年度ENCORE奖颁奖典礼，并与杨致远进行"炉边谈话"。可参见https://www.youtube.com/watch?v=kh_wPWQrWZA。

慈善

马云慈善语录[EB/OL].（2007-09-17）. http://

it.enorth.com.cn/system/2007/09/17/001990873.shtml。

环保主义

Charles Bedford, "China: An Interview with Jack Ma," December 2009, http://www.nature.org/ourinitiatives/regions/asiaandthepacific/china/explore/an-interview-with-jack-ma-main-page.xml.

气候变化

2015年11月18日，马云出席亚太经济合作组织工商领导人峰会，对话巴拉克·奥巴马。可参见https://www.youtube.com/watch?v=WACqJ28OJUY。

第12篇　生活课堂

三个原则

2008年3月17日，马云出席在北京市长城希尔顿酒店举办的阿里巴巴网商论坛时发表的题名《次贷危机下的中小企业生存之道》的主题演讲。可参见http://v.youku.com/v_show/id_cb00XMjI0MzMzMTY=.html?spm=a26g8.7662898.0.0.iIryfS。

第三次世界大战

2015年6月9日，马云在纽约市出席纽约经济俱乐部时发表的演讲。可参见https://www.youtube.com/watch?v=ehlc5G7gXQE。

个人发展

2005年7月，马云在中国上海市出席阿里巴巴网商论坛时发表的演讲。

中国经济增速放缓

2015年1月23日，马云参加在瑞士达沃斯举办的世界经济论坛时，接受查理·罗斯的采访。可参见https://www.youtube.com/watch?v=aqSkQye85OQ。

羡慕

2005年7月，马云在中国上海市出席阿里巴巴网商论坛时发表的演讲。

坚定个人信念

2007年9月15日，马云出席在杭州市浙江省人民大会堂举办的第四届中国网商大会时发表的题名《网商崛起》的主题演讲。可参见http://tech.sina.com.cn/

i/2007-09-15/10501741914.shtml。

分享学习

2008年10月28日，马云在日本东京的京瓷集团总部，对话稻盛和夫。可参见http://www.iceo.com.cn/zazhi/2008/1215/191174.shtml。

2014年10月16日，马云出席由亚洲协会在纽约联合国总部举办的首届亚洲“创变者奖”颁奖典礼时发表的演讲。可参见http://asiasociety.org/video/jack-ma-small-beautiful-small-powerful。

障碍

2002年6月11日，马云出席在宁波市举办的阿里巴巴网商论坛时发表的题名《阿里巴巴的发展战略》的演讲。可参见http://blog.sina.com.cn/s/blog_62ee90850100oawo.html。

实现梦想

2008年3月5日，马云在中国深圳市出席阿里巴巴网商论坛时发表的演讲。可参见http://tech.hexun.com.tw/2008-03-07/104268751.html。

英雄

2015年11月11日，马云接受《彭博市场》杂志记者埃米莉·张的专访。可参见http://www.bloomberg.com/news/videos/2015-11-11/alibaba-aims-for-50-revenue-outside-china-jack-ma。

讲真话

2003年3月29日，浙江卫视访谈节目《财富人生》首播马云专访实录，对话节目主持人赵晓。可参见http://video.1688.com/video/view/92159.html。

改变自己

2015年1月23日，马云参加在瑞士达沃斯举办的世界经济论坛时，接受查理·罗斯的采访。可参见https://www.youtube.com/watch?v=aqSkQye85OQ。

不要放弃今天

2004年12月28日，马云出席中央电视台财经频道举办的中国经济年度人物颁奖盛典时发表的演讲。可参见http://www.cctv.com/program/jjbxs/topic/financial/C13212/20041228/101964.shtml。

NEVER GIVE UP: Jack Ma in His Own Words
by Suk Lee and Bob Song

图书在版编目（CIP）数据

永不放弃：马云商业智慧金句 /（美）李淑文，宋波编；江伯毅译. —北京：中国人民大学出版社，2017.3
ISBN 978-7-300-23641-4

Ⅰ.①永… Ⅱ.①李… ②宋… ③江… Ⅲ.①电子商务-商业企业管理-经验-中国 Ⅳ.①F724.6

中国版本图书馆 CIP 数据核字（2016）第 278668 号

永不放弃：马云商业智慧金句
（美）李淑文　宋波　编
江伯毅　译
Yongbu Fangqi：Mayun Shangye Zhihui Jinju

出版发行	中国人民大学出版社		
社　　址	北京中关村大街 31 号	**邮政编码**	100080
电　　话	010－62511242（总编室）		010－62511770（质管部）
	010－82501766（邮购部）		010－62514148（门市部）
	010－62515195（发行公司）		010－62515275（盗版举报）
网　　址	http://www. crup. com. cn		
	http://www. ttrnet. com（人大教研网）		
经　　销	新华书店		
印　　刷	涿州市星河印刷有限公司		
规　　格	148 mm × 210 mm　32 开本	**版　　次**	2017 年 3 月第 1 版
印　　张	8.625 插页 4	**印　　次**	2017 年 3 月第 1 次印刷
字　　数	56 000	**定　　价**	49.80 元